だいわ文庫

ニューヨークの女性の「強く美しく」生きる方法

エリカ

大和書房

はじめに――すべてのことは「幸せ」につながっている

「幸せを感じる生き方をしたい」

これは誰もが願うことですよね。でも、この「幸せ」の定義で悩んでしまうことはありませんか？

私の「幸せ」って何？

どのレベルに達すれば「幸せ」と言えるの？

「幸せ」になるためにはどうすればいいの？


こんなふうに、私たちは「幸せ」の定義を決めたがります。でも、実のところ「幸せ」に定義などありません。

たとえば、シャネルのバッグを持っていない、買えないことを不幸だと嘆き悲しむ人もいれば、今は買えないことを受け入れ、いつか買える日が来るようにがんばりながら、その日を夢見て幸せな気分に浸れる人もいます。

同じひとつの出来事が、「幸せ」にも「不幸」にもなるのは、その人の心の持ち方次第なのです。

私は2003年に単身ニューヨークへ渡り、未知の世界を開拓しながら、夢をあきらめず、壁を乗り越えながら歩んでいる女性起業家です。

ニューヨークで女が一人でビジネスを行うことは、想像以上の厳しさですが、それでも着実に自分の描いた夢を実現できているのは、自分を信じ、粘り強く努力し続けているからです。

山や谷を越え、転んでは起き、一歩一歩踏みしめながら明るく元気に生きていますが、それは、ニューヨークで出会った人々から、強く美しく生きる方法を学んできたからにほかなりません。

実は、私もずいぶん長い間、自分の「幸せ」が何なのか分かりませんでした。

しかし、ニューヨークで過ごす中で、「人生の中での経験すべて」が自分の「幸せ」だと気づいたのです。自分の人生を自分らしく生きることが、私の「幸せ」だったのです。だから、今はどんな経験も「幸せ」ととらえることができるのです。

人生は迷いの連続です。迷うのは失敗を恐れるからです。

しかし、失敗も成功もすべてが財産だと気づくことができれば、失敗を恐れたり悔やんだり、ネガティブな気持ちに包まれることはありません。結果がどうであれ、すべてをポジティブにとらえ自己成長の糧《かて》として前進する「強い生き方」に変わっていきます。そして、その中で幸せ、優しさ、美しい心、自分らしさが育まれていきます。


この本では、私がニューヨークで出会った素敵な人たちから学び、実践することで本当の幸せを手に入れることができた、「強く美しく」生きる方法をお届けしたいと思います。読み終えたとき、あなたはきっと、すがすがしい気持ちに包まれていることでしょう。

「自信を持って、自分らしく、自分の人生を丁寧に歩んでいこう。そこに私が求める幸せはあるのだから」

瞳をキラキラと輝かせながら、笑顔でそう語れるようになっているはずです。

第1章 ニューヨークの女性は「自分の個性」で勝負する

第2章

ニューヨークの女性は「ときめく習慣」で女を上げる

第3章 国際基準の「美しい思考」の作り方

第4章

ニューヨークの女性は「心に潤いを取り戻す時間」を持っている

第5章

「また会いたい」と思わせる世界共通の方法

第6章

ニューヨークの女性は「人と違うことを恐れない」

第１章

ニューヨークの女性は
「自分の個性」で勝負する

キレイなだけの女は退屈

お洒落《しゃれ》な人が集う街ソーホーは、ファッション雑誌のストリートスナップにもよく登場するエリアです。

友人でファッションモデルのアドリアーナとソーホーの街を歩くと、男性も女性も「写真を撮らせてもらっていいですか?」「モデルさんですか? ストリートスナップに出てもらえませんか?」とアドリアーナに声をかけてきます。それほど、彼女は誰もがうらやむ美貌の持ち主です。

しかし、モデル社会の中では、右を見ても左を見ても美貌の持ち主ばかり。一般社会ではその美しさが際立っても、彼女の生きる世界では退屈なキレイになりかねません。そこで、アドリアーナはあることに気をつけていると言います。

それは、他とは違うピカッと光る個性を持つことです。

丸いドーナツより星形のドーナツ

あなたの考える「キレイな人」とはどんな人ですか？

日本人が考えるキレイな人とは、透《す》き通るような白さと年齢を感じさせないハリのある肌を持ち、完璧なメイクアップとヘアスタイル、季節感のあるネイルカラーに、お洒落な服を着こなす人だったりします。

私も日本に住んでいたころは、そう思っていました。

しかし、視覚的にキレイな人はたくさんいます。キレイになるためにあふれるほどの情報を追いかけ、それに忠実に取り組めば、誰でもキレイを手に入れられます。でもこれでは、クローン人間ですよね。

たとえば、雑誌にメイク法が載っていたとしましょう。あなたがそのメイク法を取り入れてキレイになったとしても、それは、その雑誌を読んだ他の人も手にしている同じキレイです。みんな同じようにキレイなんて、退屈ですよね。

そこで大切になってくるのは、周りよりもキラッと光る、キレイの一歩上をいく

「美しさ」です。

ドーナツ屋さんをイメージしてみてください。ガラスケースの中に並ぶたくさんの丸いドーナツの中に、ひとつだけ星形のドーナツがあったとしたら、どちらのドーナツに惹《ひ》きつけられると思いますか？

丸い普通のドーナツ？　星形のドーナツ？

きっと多くの人が星形のドーナツに惹きつけられるでしょう。「星形」という形状が他とは違うからです。これは、他とは違うオリジナリティが人々を魅了し、惹きつけるということです。

国際基準の美しさには、視覚的にキレイなだけでなく、このドーナツのように他とは違う、他にはない個性（オリジナリティ）が求められます。

個性があると、その人はキラッと輝きます。これは、他の人は手にしていない輝きです。

単にキレイなだけの女は退屈です。あなたが無難な丸いドーナツだったら右も左も同じで埋もれてしまうけれど、もし星形だったら一瞬で人の目を引くのです。

人と違う部分こそが魅力

ニューヨークには美しい女性がたくさんいます。肌の色、年齢、体形、ファッションセンス、何もかもが全く違う人々が、それぞれに美しくキラッと輝いています。それは、彼女たちが自分の個性を大切にしているからです。人とは違う部分こそが、自分の魅力だということを知っているのですね。

そして、視覚で感じるキレイだけではなく、心の美しさ、人間的魅力も大切です。優しさや思いやり、感謝の気持ちや相手を尊重する気持ちを持つことが、内面からの輝きにつながります。

アドリアーナが大切にしていることは、美貌を鼻にかけ気高くツンツン振る舞ったり、無表情が売りのモデルになったりするのではなく、優しさや思いやりがあり、ファッションに限らずあらゆることに興味の範囲を広げ、幅広い話題を誰とでも楽しめる人になることです。

これが彼女の個性であり、他とは違うピカッと光る部分なのです。私もアドリアーナと初めて会ったとき、あまりにフレンドリーで驚き、その素朴さに彼女の人間的魅力を感じて大好きになりました。彼女はいつも言います。

「キレイなだけの女は退屈。そして、キレイなだけでは服は着こなせない」

キレイに何かひとつプラスするものを見つけましょう。優しさでも、思いやりでも、ユーモアでも、幅広い話題でもいいですし、皆が追っている流行からひとつだけ外してみるのもおすすめです。

たとえば、髪の毛はオリジナルの色を大切にするとか、流行のメイクアップは追わないなど、自分らしい部分をひとつ持つことで、「退屈なキレイな人」から「人を魅了する美しい人」に変わっていけるのです。

人を惹きつける美しい人は、自分の個性を大切にしている。

年齢不詳の女になる

日本は、年齢でその人をはかることが一般的なように感じます。

たとえば新聞の投書欄では、名前の横に年齢が明記されたり、ファッション雑誌や広告などにも「30代のお仕事服」「40歳からの生き方」などと年齢が記載されていることが多く、年齢と文章内容、年齢と見た目、これらのイメージを読者に植え付けているように感じます。

こうしたものを目にしていると、自然と、「30代はこんなライフスタイル」「40代になったらこうあるべき」といった固定観念が作られてしまいます。

そして、自分の年齢と容姿とのバランスが気になったり、周りの人々の年齢が気になったり、誰に会っても年齢からその人をはかってしまうクセがついてしまいます。ときには、「あの人は○歳なのに……」「いい年をして何をしてるの？」といった、ネガティブな考え方につながることもあるでしょう。

しかし、「年齢」で何をはかることができるのでしょうか？

たとえば、「この人は50歳なのに、こんなに若く見える！」と取り上げられたとしても、本来「50歳とはこういうもの」といった基準はどこにもありません。そして、最も大切なことは、これらはすべて視覚で感じることであって、その人の人間的な美しさは、何ひとつはかることができないということです。

ニューヨークの女性たちは、年齢で見た目をはかるという考えを持ちません。

「○歳になっちゃった」「○歳なのに……」と、年齢で自分や相手をはかりにかけることもしません。そんなことは無意味だからです。

もちろん誰もがいつまでも若々しくキレイでいたいと考えていますが、それは他人に一目置いてもらうためではなく、自分で幸せを感じるためにです。年齢は自分だけが感じて知っていればいい、マル秘情報のようなものです。

ニューヨークの女性たちは年齢不詳です。何歳なのか言うこともなければ、聞くこともありません。よって、年齢を基準にその人がキレイ、普通、老化気味などと、はかることはありません。その人との会話内容や雰囲気から年齢を感じ取ることはありますが、それはポジティブな印象につながるときだけです。

「きっとこの人は40代くらいだろうけれど、ご自分を大切にケアされているから素敵に輝いていらっしゃるのだな〜」というふうにとらえます。サラッと爽やかでポジティイブな思考です。

自分が着たい洋服の売り場へ堂々と行く

ファッションでは、○歳からはこんな服装、こんな色味といった、周りに足並みをそろえる装いをするのではなく、自分が着てみたいと思う洋服が売られているお店にどんどん足を運びましょう。

日本のデパートでは、ヤングとミセスなどと年代で売り場を変えているところが多いのですが、本来私たちはどの売り場に足を運んでもかまわないのです。

たとえば、ジャケットの下に合わせる楽しいプリントTシャツは、ヤングの売り場のほうがバリエーションも多くそろっているでしょう。周りが娘さんと同じ10代のお客さんばかりだったとしても気にせず、自分に似合う一枚を探しましょう。

「わっ、あの人○歳なのに、こんな売り場で洋服を探しているなんて、若づくりで恥ずかしいよね」なんていう視線や声を感じても、右から左に流しましょう。

人にはかられることを恐れたり、おびえたりしない。

これがニューヨーク的な考え方です。

年齢は自分だけが知っていればいい、単なる数字。

何につけても年齢は関係ありません。年齢至上主義から年齢不詳主義に考え方を改めましょう。女は何歳になっても女です。年齢と容姿のバランスシートは必要ありません。自分が満足する容姿や内面が備わっていれば、それが一番の幸せです。

年齢不詳とは、年齢を隠すというネガティブな意味ではなく、年齢は自分だけが知っていればいい数字だという考え方に基づいています。

ニューヨークの凛《りん》とした女性は年齢不詳です。他人の年齢をはじき出して、年齢よりもキレイに見えるかどうかといった比較競争はしません。

私ももちろん、年齢不詳の女です。

どんな状況でも楽観的に生きる

私がニューヨークで出会った人々に共通することは何かと考えたとき、まず最初に浮かぶのは「楽観的」だということです。楽観的とは、物事をうまくゆくものと考えて心配しないことですが、彼らはどんなに最悪な出来事に見舞われても、楽観的にとらえます。

人生は、うれしいことと悲しいことが、バランスよく保たれていると思います。いいこともあれば悪いこともある、いい日もあれば悪い日もある。それが分かっていると、最悪の状況でも、いいことが来るのを楽しみに待てるようになってくるのです。

これくらい楽観的に生きることは、本当に大切です。

大失敗してしまったときに悲観的になり、最悪の最悪を考え出すと、人間の思考はどんどん落ちていってしまいます。同時に、どうしてこうなってしまったのかと思考が過去へ過去へと向かい、「後悔」の念が生まれます。「あのとき、ああしていればよかった」「こうしていれば免《まぬが》れたはずだ」「あんなことを言わなければよかった」など、今さらどうすることもできない出来事を前に、錯乱状態に陥ってしまうのです。

ここで大切なのは、**あなたは「未来に生きている」**ということです。過去から学び、夢や目標を持ち、未来に生かす思考に切り替えましょう。

強い精神力と図太い神経が身につく

ノーベル平和賞を受賞し、私が最も尊敬する故ネルソン・マンデラ氏の言葉に、「楽観的であるということは、顔を常に太陽へ向け、足を常に前へ踏み出すことである」というものがあります。

どんなにつらい出来事に見舞われても、なにもかもうまくいくと信じ、視線を上げて前に進みましょう。不愉快なことや悲しいことを考える時間は減らし、笑顔が浮かぶようなことを意識して考え、落ち込んだ気持ちを引っ張り上げましょう。

生まれながらにして楽観的な人など、どこにもいません。

楽観的な人は、「プラス思考こそが、外れた車輪をレールに戻す術《すべ》だ」と知ってい

るのです。意識して自分をコントロールするうちに、楽観的思考が自然にできるようになっていきます。

海外生活の中では、予想もしない驚くべき出来事がたくさん起こります。優しい人もいれば、意地悪な人や足を引っ張る人もいます。私もそんな人たちに出会い、何度も窮地に立たされてきましたが、楽観的思考のおかげで、「そんなこともあるさ」と攻撃を真に受けずにかわし、足並み軽く前進する術を身につけました。

「今日はこんなことになってしまったけれど、明日はよくなるはず。すべてうまくいく！」。そう思うと、瞬時に元気になれます。

楽観的に生きると、プラス思考に加えて、強い精神力と、図太い神経も身につきます。ニューヨークの人たちが、打たれても打たれても、凹《へこ》むどころか伸びる理由は、楽観的に生きているからなのでしょう。

今日も太陽に顔を向けて、はつらつと前進しましょう。

「そんなこともあるさ！」と未来にフォーカス、足並み軽くいきましょう。

自分の魅力を書き出してみる

ニューヨークに住み始める前、私は自分の魅力について考えたことなどありませんでした。就職試験などで必要とされるような自分の長所や短所は分かっていても、「あなたの魅力は何ですか？」と聞かれたら、答えることができなかったと思います。

ニューヨークに住み始めると、周りの皆が、「エリカの魅力って、その黒いツヤのある髪の毛だよね」と褒めてくれるようになりました。あまりに褒められるので、四六時中見ている自分の黒髪を鏡の前でマジマジと眺め、「生まれながらに持っている何の手も加えていないものが、私の魅力だったのか……」と、ニューヨークの人々に気づかせてもらったことを思い出します。

「エリカは、本当に黒髪が似合う」

「いったい、どこのヘアケア製品を使っているの？」

ニューヨークでは、髪の毛に関する質問をいつもされます。でも、特別こだわりもなく買っているシャンプーとコンディショナーのみで、ヘアオイルやムースなどの整髪料は何もつけないうえに、ブラシも櫛《くし》も持っていません。ですから、「シャンプーとコンディショナーをしてドライヤーで乾かすだけ」と答えると、腰を抜かすほどに驚かれます。

「ちょっと触ってもいい？」と、自分の髪と何が違うのかをチェックされ、日本人の髪質って本当にうらやましい、と多くの人に言われます。

自分と一体化しすぎて今まで全く気づかなかった魅力を知った私は、自分の魅力について改めて考え、それを大切にする生き方に変わりました。

あなたは、自分の魅力って何だろうと、考えたことはありますか？　いろいろ浮かんでくると思いますが、実は浮かんでくる以上に自分では気づかない魅力が眠っているものです。人は、他人を観察することには長《た》けていますが、いざ自分のこととなると、分からないものなのですよね。

また日本人は、長所よりも短所を語るほうが得意のように感じます。日本の謙虚な文化が、知らず知らずのうちにそうさせてしまっていたりするのでしょう。

しかし、自分の長所を研究し、どんどん長所を増やしていくことが、ニューヨークの女性たちが考える魅力的な人になる近道です。

「私は何者か」を語る人に、人は魅了される

ここで、あなたも自分の魅力を書き出してみましょう。魅力はひとつやふたつではありません。書ききれないほどたくさんあるはずです。あればあるほど良いのです。

「あなたは、どんな人ですか？」

「あなたの魅力は何ですか？」

「人はあなたのどこに魅力を感じると思いますか？」

これらの答えがあなたの魅力です。謙虚に書く必要はありません。自分の感じるま

まに、堂々と書きましょう。

私は深い思いやりがあって優しい人、自分に厳しく自分との約束を守る人、紅茶よりもコーヒーが好き、お料理が得意、煮物だけはプロに負けないほど上手、テニスでインターハイに出場したほどテニス好き、ボランティアで子どものために折り紙教室をしている、家庭菜園で土いじりをしているときが幸せ……など。


自分の魅力を知ることは、自分を知ることでもあります。それは「自分が誰なのか」を知ることにつながり、社会のあらゆる場面で役立つことでもあります。

たとえば、人気講師のセミナーに参加し、突然自己紹介することになったとしましょう。周りの人が身分証明のような社名、肩書き、仕事内容を述べる中、あなたは「ガーデニングが大好きで四季のお花の名前をたくさん知っています。毎日お庭で撮った写真をブログにアップして、『花日記』を書いています。どうぞよろしくお願いします」と、自己紹介したとします。間違いなく、あなたの印象は他の人よりもはるかに強く、魅力的です。

そして「私もガーデニングが大好きなんですよ」「私はフラワーアレンジメントの

仕事をしているんですよ」と、あなたに共通性を感じた人が、自然に心を開いて声をかけてきてくれるようになります。

「どこで何をしている人か」よりも「その人が何者なのか」に、人は惹きつけられるものなのですよね。

ニューヨークでは、自分が誰なのか、どんな人なのかを語れることは非常に大切です。背負っている看板や職責ではなく、「あなたは誰なのか、どんな人なのか」を語りましょう。

その答えが、あなたの魅力です。

自分を知り、自分を語れる人になる。

後ろ姿で魅了する

爽やかな気候が心地よい6月、カール・ラガーフェルドの期間限定ショップのオープニングパーティーに行きました。会場の外にまであふれたお洒落《しゃれ》な人々が、心地よい初夏の幕開けの夜を楽しんでいました。

招待してくれた仕事関係の人を見つけようと辺りを見回したとき、一人の美しい人に惹きつけられました。

彼女はシルバーのショートパンツに黒の短め丈のジャケットを身につけ、小麦色に焼けた脚に黒のピンヒールのサンダルを履き、シャネルのチェーンバッグを提《さ》げ、肩までの黒い髪を無造作に後ろで結んでいました。

私は彼女の美しい後ろ姿に惹きつけられたのです。

「女の美しさは後ろ姿に表れ、男の生き様は後ろ姿に表れる」「背中は語る」という言葉があるように、そのときフッと、「後ろ姿はその人を語る」ということに気づいたのです。正面はしっかり整えても、後ろ姿は置き去りにしがちで、自分でも確認しづらく、つい隙《すき》を見せてしまう部分です。

ということは、後ろ姿というのは、美を意識して作ったものではなく、素の部分であるとも言えますよね。

美しい人というのは、「後ろ姿」が本当に美しいものです。

たとえば、素敵な人があなたの前を歩いているとします。その人の後ろ姿に魅了され、「前から見てみたいな〜」と、思ったことはありませんか？

後ろ姿で魅了するのは、前姿で魅了するよりも、惹きつけ効果が高いのです。

完璧なメイクアップがなくても、人々を魅了し惹きつけることができるということですね。

後ろ姿には素の美しさが表れる

この日のパーティーで私が魅了された後ろ姿の持ち主は、アメリカ人のスーパーモデル、ヒラリー・ローダさんでした。周囲の人と調和した装いの中、彼女だけがキラリと光っていました。それは、ヒラリーさんの素の美しさであり、日頃おろそかになりがちな、ふくらはぎや太もも後部といったパーツをケアして、スッとした脚線美を保たれていたからです。

男性が女性の魅力を感じる部分のひとつに「後ろ姿」があります。
ハリウッドのレッドカーペットを歩くスターたちの写真には、背中やヒップをカメラに向け、後ろを振り返るような姿勢でニッコリ微笑んでいるものがたくさんあります。顔立ちが華やかでキレイ、宝石が光り輝いている、バストが大きい、デコルテが美しいといった誰もが注目する部分ではなく、「後ろ姿」で素の美しさを見せたいという思いの表れです。

「美は一日にしてならず」という言葉のとおり、後ろ姿だけは一日で美しく完成させることができない、ごまかしようのないパーツです。日頃から、正面のみならず、見えない部分にも注意をはらうことが大切です。そして、すべては後ろ姿に表れるということもしっかり意識しておく必要があります。

出会いは前から来るとは限りません。後ろに運命の人が歩いているかもしれません。これは、出会いを求めていらっしゃる方には大切なポイントですよね。

そして、**意中の人には背を見せて立つ**——これは、その人を惹きつけるひとつの方法です。正面に立ちはだかり、目をしっかり見つめるよりも、彼の視界にあなたの後ろ姿が入るような位置に立つのです。

先ほどお話ししたように、「後ろ姿で魅了するのは、前姿で魅了するよりも惹きつけ効果が高い」のです。ぜひ実践してみてくださいね。

素敵な出会いは、後ろからやってくるかもしれない。

誰かの夢を応援できる人になる

ニューヨークのレストランには、とても魅力的なウエイターやウエイトレスさんたちが大勢います。なぜなら、本職は俳優やブロードウエイを目指すミュージカルスターの卵、モデルさんという方たちが非常に多いからです。夢の実現のために、掛け持ちでがんばっている人々です。

会話のひとつひとつ、笑顔や表情すべてが、映画や舞台のワンシーンのようで、レストランにいることを忘れてしまいそうな空間です。

ウエイターとして働くダニエルも俳優を目指し、アクティングスクール（俳優養成所）に通いながらエキストラ出演で経験を積んでがんばっています。ニューヨークは映画の都です。常にどこかで撮影が行われているので、エキストラの需要は大変大きく、一度経験があれば、続けてお声がかかる確率が高くなるそうです。悪く言えば、演技力の才能関係なしに出演できるということでもあります。

ある日ダニエルが、たまたまポケットに入れていた経歴書を見せてくれました。そこには、目がくらむほどの数のエキストラ出演歴が書いてありました。これを見て素直に感心し、応援してくれる人もいれば、役のない三流履歴をこんなに書いてよく俳優と言えるものだ、と笑う人もいると話してくれました。

そのとき、同席していたマーケティング会社のCEOで友人のジェシカが、ダニエルに言いました。

「夢のない人が他人の夢を笑うのよね」

もし、自分に夢があったら、自分と同じように夢の実現に向けてがんばっている人を無意識のうちに応援するものです。努力を重ね、いつか必ず目標の扉の前にたどり着き、自力で扉を開けて中に入ろうと切磋琢磨《せっさたくま》している人にエールを送るものです。

それをしない、できない、笑う人というのは、ジェシカが言ったとおり「夢のない人、夢を持って生きたことがない人」です。

もし、あなたの夢を笑う人がいたとしたら、この言葉を思い出してくださいね。あなたと同じように夢を持ち、夢の実現に向け努力を重ねる人は、輝きに満ちあふれ、ポジティブなエネルギーで満たされています。その人の近くにいるだけで、あなたもポジティブに前向きにがんばる気力が湧いてくるものです。

夢の実現に向けがんばっているときというのは、一緒にいる人を選ばなければなりません。自分の夢を笑う人とは距離を置きましょう。これは縁を切るという意味ではなく、自分にとって心地よい距離感を常に保つということです。この距離が、夢を笑う声やネガティブな空気を消してくれます。

最初から大成功する人などどこにもいません。一歩一歩着実に歩みながら、地道な努力を重ね、粘り強くあきらめずに取り組むことが、夢へ続く道です。

その道中での経験すべてがあなたの財産です。夢を笑う人が持っていない、貴重な宝物なのです。

夢に向かってがんばっているときは、一緒にいる人を選ぶこと。

スクラップブックで夢を心に刻みこむ

ニューヨークの10月は街がピンク色に染まります。ピンクの観光バスが走り、ショップのディスプレイにピンクが使われ、日暮れとともにピンクのライトアップで街が包まれ、まるで夢の世界のような美しさです。

ピンク色は、ピンクリボン運動（乳がんの正しい知識を広め、乳がん検診の早期受診を推進することなどを目的として行われる世界規模の啓発キャンペーン）の象徴カラーです。人間の記憶というのは慌ただしい日常の中で薄らぎやすく、ただ覚えているだけでは「あっ！　乳がん検診に行きそびれた……」ということも起こりかねません。そこで街をピンク色に染めることで、視覚を通してピンクリボン運動のメッセージを発信するのです。

このピンクリボン運動の啓発のように、あなたの心に響くさまざまなことを目に見える状態にすることは、夢の実現の力強い味方になってくれます。

たとえば、パラパラとめくった雑誌でお洒落なコーディネートを見て、「これに挑戦してみよう！」と強く思い、そのコーディネートをしっかり脳裏に焼きつけたつもりでも、数日後には記憶がぼんやりして、数週間後にはどんなコーディネートだったかすっかり忘れてしまった、なんてことはありませんか？

こんなふうに、私たちの頭の中のイメージは薄らぎやすいのです。

心に響いたものはどんどんノートに貼り付ける

そこでおすすめなのが、好きなもの、心に響いたものをどんどん切り取ってノートに貼り付ける「スクラップブック」を作ることです。そうすることで、視覚を通して自分にメッセージを送り続けることができます。

あなたの叶えたい夢や計画、どんな人になりたい、どんなファッションをしたい、どんな仕事に就きたい、どんな人生を送りたい……それらに結びつく写真や文章を1冊のノートにどんどん貼ったり、書き込んだりしていきましょう。

そして、いつ貼ったのかが分かるように整理し、どうしてその写真や文章に心惹かれたのか、ところどころに小さなコメントをつけましょう。それは、そのときの思いや考えを後から鮮明に感じる手助けとなります。

そのスクラップブックをたびたび開くことで、叶えたい夢や目指していること、理想のファッションやライフスタイル、作ってみたいお料理やお菓子、行きたい旅行先やレストランなどを視覚を通して再認識し、夢や希望につなげることができます。

とても幸せなひとときですよね！

将来スクラップブックを見返したとき、あなたはそこに今の自分を発見するでしょう。スクラップブックを通して送り続けたメッセージがきっかけとなり、行動につながり、結果につながるからです。

「あ〜、あのとき、この写真に強く惹かれ、こんなふうなライフスタイルを送りたい、という夢を常に心に刻んで歩んできたから、今の自分はあるのだな」となるかもしれませんよね。そうなるための、夢のスクラップブックです。

私が子供のころに通っていた絵画教室で描いた「りんごの絵」があります。その日のテーマは「りんご」。大きなりんごをひとつ描く人もいれば、緑のりんごを描く人もいました。私は画用紙に色とりどりの51個のりんごを描きました。りんごがいっぱいの絵です。

その後私は成長し、大人になり、実家を離れましたが、その絵はなぜか手放せず、いつも手元に置いて眺めていました。

ニューヨークは、「ビッグアップル」という愛称で親しまれている街であり、アップルは、ニューヨークのシンボルです。

不思議な話ですが、このりんごの絵はニューヨークにつながっていたのだと感じています。今も大切にニューヨークの自宅に飾っています。

自分に送り続けたメッセージが、今のあなたを作っている。

年初に立てた夢は10月に整理する

セントラルパークの池に映る木々が黄金色に染まり始める10月は、秋の気配を感じながらも、まだ太陽の日差しが心地よい季節です。

その日、ラスト3ヶ月の「夢の整理」のために、私は大好きなセントラルパークの青空の下のカフェに座っていました。季節は秋、年初に書き出した「夢」を整理するのにはもってこいです。

やり残していること、手付かずのことを今一度整理し、年初には考えもしなかった新しく増えた夢も合わせて、ラスト3ヶ月の夢を手帳に書き出します。心がウキウキと弾む楽しいひとときです。

年初に立てた計画や夢の進捗状況、そのゆくえは、10月の時点でおおよそ見えるものです。多くの人は、年始の計画を年末に見直しその成果をはかりますが、立てた計画レベルが明らかに高すぎた場合は、この機会に達成可能なレベルにまで引き下げます。**年末に「成し遂げた！」と喜べるような計画に変更することは、ラスト3ヶ月の士気の向上につながります。**モチベーションアップですね。

「今さらがんばっても、どうせ無理……」と、絶望感やあきらめ気分でラスト３ヶ月を過ごすよりも、実現可能なレベルに修正することで、「よし、ここまでは成し遂げよう」とポジティブな気持ちに切り替えることができます。

それは、夢をあきらめたり挫折《ざせつ》したりすることではなく、引き続き夢の実現を目指して進もうという力にもつながります。

新しく増えた夢、行ってみたいところ、食べてみたいもの、仕事はここまでがんばりたい、この映画を観たい、こんなブーツを買いたい……など、なんでも書き出します。

夢が増えるのは楽しいことですよね。夢は多ければ多いほど、年末に手帳を開いたとき、叶えた夢がたくさんになっていることでしょう。

夢があるということは、希望があるということです。「私はもうこんな年だから、夢なんて何も描けない」と悲観的にとらえるのはやめましょう。英国の作家、ジョージ・エリオットの素敵な言葉があります。

「なりたかった自分になるのに、遅すぎるということはない」
(It's never too late to be who you might have been.)

年初はもちろん、気づいたときに、どんな小さな夢でもかまいませんから、ひとつかふたつ、心がウキウキする夢を手帳に書き出してみてください。今年はひとつかふたつしか書けなくても、書き出しているうちに、やりたいことがどんどん浮かんできて、来年には山のように手帳に夢を書けるようになっていきます。

そして次の10月、ラスト3ヶ月に手帳を開き「夢の整理」をする日がやってくるでしょう。その日を楽しみに、たくさんの夢を書き出して叶えていきましょう。

小さな夢を書き出す習慣が、たくさんの夢を叶える。

第2章

ニューヨークの女性は「ときめく習慣」で女を上げる

クローゼットには「夢」をかける

「お洒落心はアンチエイジング」

この言葉を教えてくれたのは、友人のオードリー。ときどき行きつけのブティックで見かける彼女は、帽子がいつもお洒落で上品な出《い》で立ち。昔ファッション雑誌の編集長でもなさっていたのでは？　というほど洗練されている女性です。

いつかお話しするチャンスがあればと思っていたら、ある日彼女から声をかけてきてくれて、私の黒髪の話から、彼女の髪の話になりました。彼女は、自分も昔は黒いツヤ髪だったけれど、今はすっかり白くなってしまった。でも、いつまでもお洒落心を大切にしているから、髪は白くなっても年はとらない。お洒落心って、アンチエイジングなのよね、と言うのです。

なんて素敵な話をなさる方なのだろうと、それからブティックで会うたびに立ち話を楽しむ仲になりました。

日本人の多くは年を重ねるとお洒落から遠のき、ベージュやグレーなど無難な中間色を好みます。主張しないファッションこそが年相応、ととらえているのでしょう。

一方ニューヨークでは皆、年代問わず自分に似合い、自分が好きな色や形の洋服を着ています。装いと心が深くつながっているのです。90代の御婦人も「自分が素敵に見えるから」という理由で、真っ赤なコートを羽織って颯爽《さっそう》と街を歩いたりします。

ニューヨークには「年相応」という言葉は存在しません。何歳になっても自分が最大限に魅力的に見える装いを心がけます。

その日も、オードリーとファッションの話に花を咲かせていたら、「女のクローゼットには、服だけでなく夢もかけるのよ」と教えてくれました。

男のクローゼットと女のクローゼットの違い、あなたはご存じですか？

男のクローゼットには、着るものだけがずらりと並び、女のクローゼットには、いつ着るか分からない出番待ちの、眺めているだけで幸せな気持ちにしてくれるドレスがかかっている、ということです。

その話を聞き、女が何歳になってもいつまでも女心やときめきを失わず、イキイキ輝いていられる秘訣はここにあると気づきました。

男のクローゼットが「現実」ならば、女のクローゼットは「夢」なのです。

美しい女は自分に投資する

もし「日頃コンサバティブな装いばかりだから、私には華やかなドレスは不要だわ」と思っているとしたら、それは女の楽しみを失っているようなものです。女は美しいドレスとヒールで淑女《しゅくじょ》に変身でき、この装いが女を磨いてくれます。

不要な物は買わず、必要な物だけ、今着る服だけを買う暮らし。それは、断捨離不要のシンプルな美しい暮らしではありますが、美しい人の美しい暮らしには、非日常的な洋服への投資も必要です。つまり女としての自分への投資です。

いつ着るか分からないドレスを一番目立つところにかけておくと、クローゼットの扉を開いた瞬間に、そのドレスがすぐ目に留まりますよね。いつか着る日を夢見て幸せな気持ちに浸る。そして、鏡に向かってそのドレスを合わせると、さらに幸せな気持ちになれる。

こんな妄想のひとときを楽しむことは、女度を上げることにもつながります。そこにいるだけで心安らぎ、幸せな気持ちになれるようなクローゼットは、女心を満たし、いつまでも若々しく輝いているために必要です。

また、「夢」がかかったクローゼットは、凹んだ気持ちを前向きにさせ、元気にもしてくれます。気持ちが沈んだ日、大失敗をしてしまった日、悲しいことがあった日は、クローゼットにかかったドレスをあてて鏡を見るだけで、元気が戻り、気分を瞬時に上げることもできるのです。

非日常のドレスは、気分を上げる心のお守り。

男性から喝采《かっさい》を浴び、女性から嫉妬されるような、いつ着るか分からない特別なドレスを、ぜひあなたのクローゼットにかけましょう。

とっておきの一着が、あなたの気分を盛り上げてくれるはずです。

スタイル美人の境界線は「歩く」こと

マンハッタンの街角で見かける映画のようなワンシーン。美しくカッコいい女性が車道に出て「タクシー！」と手をあげると、なんとか彼女を乗せたいと、3台くらいのタクシーがお互いの車にクラクションを鳴らしながら、衝突事故覚悟で競争を始めます。

初めて見たときは、タクシーに手をあげた女性までひかれてしまいそうな勢いでびっくりしたものですが、これがニューヨークのいつもの光景です。

ニューヨークでは、いつでもどこでも拾えるイエローキャブがたくさん走っていますが、ニューヨークで生活をする人たちが皆、移動の足として利用しているかといえば、それはちょっと違います。

急用以外、タクシーを極力利用しない人たちの多くは、スタイル美人です。彼女たちは通りを颯爽と歩くか、階段を上ったり下りたりする地下鉄を利用します。ニューヨーク・コレクション間近の地下鉄で、キャスティングに向かうモデルたちとたくさん遭遇するのもうなずけます。ほんの少しでも歩くことを欠かさない、これがスタイル美人の心得でもあるのです。

「食べたら歩く」を習慣に

スタイルをキープしようと思うと、高カロリーのものは食べられないと思いがちですが、そんなことはありません。高カロリーだと分かっていても、食べたいときは我慢せず、楽しんで心おきなくいただく。これがストレスのないライフスタイルです。

大切なのは、食べないことではなく、「食べたら歩く」ことです。

たとえば、カツ丼定食を食べた後、遠回りをして30分歩いてからオフィスに戻るのか、3分でオフィスに戻って、デスクの引き出しから取り出したクッキーをかじりながら、お砂糖たっぷりのコーヒーを食後の一杯として飲むのか。食後のこの行動の違いが、スタイル美人の境界線です。

歩く、どんどん歩く。雨でも風でも雪でも歩く。ニューヨークの女性たちはとにかく歩きます。

あなたも今日から、「食べたら歩く」を意識してみましょう。もちろん、「歩くから食べても大丈夫」と考えてもかまいません。

大切なのは、日常生活の中で「歩く」を意識すること。まずは、毎日必ず30分歩きましょう。できたら、食後に歩く習慣をつけましょう。時間があったら歩くという意識ではなく、歩くと決めたら歩くのです。

・電車やバスを1駅前で降りて歩いて帰る
・外食後は必ず遠回りして歩く
・お買い物には自転車を使わず歩いて行く

歩くことを意識した目的地選びもいいですね。いつものスーパーではなく、少し先のスーパーへ行ってみる。少し先の本屋さんへ行ってみる。近くて便利だという意識を改革し、歩くために少し遠い目的地を選びましょう。

もし、歩くことで時間を無駄にしたくないと考えていたら、それは間違いです。

歩くことはスタイル美人への道のみならず、健康への道でもあります。急いでいるときにタクシーに乗ることはあっても、毎日の時間節約のためにタクシーに乗るようでは、人生を縮めることにだってなりかねません。

「私はもう歳だから、今さらスタイル美人なんて関係ないわ」と思っているあなた、「スタイル美人」とは、決してファッションモデルのような脚線美の人という意味ではありません。「締まりのあるライフスタイルを感じさせる体形」という意味です。細い・太いというサイズではなく、あなたの心がけや意識を感じさせる体形のことなのです。

さあ、思い立ったが吉日（There is no time like the present!）。

今日から、今から始めましょう、「とにかく歩く」。

締まりのある生活が、スタイル美人を作る。

誰が何と言おうとも、自分で自分を褒めちぎる

あなたの良さを世界中で一番理解してくれている人は誰だと思いますか？

結婚されている方ならば、「パートナー」という答えかもしれません。独身の方ならば、「両親」という答えかもしれません。誰もいない、という答えも聞こえてきそうです。


でも、あなたの良さを世界中で一番理解している人は、あなた自身です。自分の良さや素晴らしさは自分が一番よく知っています。誰が何と言おうと、たとえ誰も評価してくれなくても、あなたはあなたが思う以上にすごい人なのです。

今日の装いはばっちりキメてたくさんの人の視線を感じた、上司に頼まれた書類を完璧に作った、予定していた家事を全部こなした、遠くのスーパーまでがんばって歩いた……。そんなときは、「私ってすごい！」と褒めてあげましょう。

自分で自分を褒める。人に「私って、すごいでしょ?」と語る。そうすることで、気分が上がり、もっとできそうな気持ちに包まれていくのです。一種の自己暗示のようなものですね。「自分はすごい」「自分はがんばっている」と過大評価して褒めるのは、とても大切なことなのです。

「ちょっと聞いて」の続きはポジティブな話で

しかし、謙虚を美徳とする日本の文化がネガティブに作用し、「私などたいしたことないから……」と、卑下《ひげ》してしまうということも多いようです。たとえ、他人に対しては謙虚に振る舞ったとしても、あなたの中では遠慮は無用です。

もっと自分を過大評価して褒めちぎりましょう。結局、自分という人間を持ち上げるのも、下げるのも自分次第ということです。

日本人は失敗談をおもしろおかしく話すのは得意ですが、成功談やうれしい話をサラッと話すのは苦手です。きっと、それを快く思わない人、重箱の隅をつつくような意見を言う人が存在することを知っているからなのでしょう。

ですが、何も関心を示してもらわなくてもよいのです。相手の感想を聞くために話しているのではなく、出来事を話しているだけなのですから。**話すことがポイントであり、相手の意見を聞くことがポイントではありません。ここが重要です。**

ネガティブな意見が聞こえてきたら、学びの部分だけを頂戴《ちょうだい》し、あとは右から左に流しましょう。

ニューヨークでは、うれしいこと、成功したことをどんどん人に話します。人との会話のほとんどがポジティブな内容と言っても過言ではありません。ネガティブなことは専門のカウンセラーに話し、ポジティブなことでお互い、いい「気」を送り合うわけです。

ですから、「ちょっと聞いて」の続きはポジティブな話です。「ちょっと聞いて、この前、最悪なことがあって……」なんて話そうものなら、「あなたの最悪な話を聞いている時間はありません。さようなら〜」となるわけです。

英語が話せないのはあなたが原因ではない!?

アメリカを旅行したことがある人から、「英語が全く通じなくて落ち込んじゃった」という言葉をよく聞きます。日本人には、英語が通じないというコンプレックスを抱えている人も多いのですが、その原因はあなたの英語力ではなく、相手の国際能力かもしれません。

世界共通語の英語には、数えきれないほどのアクセントが存在します。それを聞き取る能力があるコスモポリタン（国際人）ならば通じたのかもしれませんが、アメリカ生まれで同じ地域の人々としか触れ合ったことのないアメリカ人には、あなたのアクセントが聞き慣れなかったのかもしれません。

通じなかった原因は自分にあると思い込んではダメです。原因は数えきれないほどあるのです。通じなかったと落ち込むのではなく、英語で話したことを褒めてください。外国人に母国語以外の言語で話しかけるなんて、勇気のいることですし、話せたという行為だけでもすごいことです。

ニューヨークは多民族の都市ですから、2ヶ国語以上話す人が大勢います。しかし、他都市では、英語しか話せないアメリカ人は山ほどいます。アメリカから出たことのない人だってたくさんいます。

その人たちと比較すると、海外に行き英語で話したことがどんなにすごいことか、分かりますよね？　褒めるに値することだって、分かりますよね？

しかも、外国語を話すだけではなく、読み書きまでできる。これは本当にすごいことです。アメリカ人でもこれができる人は、両親が移民でない限りそうそういません。

こんなふうに、**自分を卑下する前に、もしかしたら褒めるに値することではないか、とポジティブに考えてみましょう。**褒めることは、幸せに包まれる魔法の粉をパッパッと振りかけるようなものなのです。

さあ、今日も自分をいっぱい褒めて、気分を上げて参りましょう！

あなたは、あなたが思う以上にすごい人です。

自分のためにお花を買う

週末になると白いテントが立ち並ぶ、ユニオンスクエアのファーマーズマーケット。ニューヨーク近郊の農場で収穫された野菜や手作りのチーズ、ワインやパンなどさまざまなお店がオープンし、仕事帰りに立ち寄る人で、夕刻まで大変なにぎわいです。

ヘルシー志向の人が多いニューヨークは、オーガニックに人気があり、お料理好きな人もたくさんいます。日本では、男性が市場やスーパーで食材を選んでいる姿はそれほど見かけませんが、ニューヨークは何につけても性別は関係なし、男性もエコバッグを提げて食材の買い出しです。

そして、男女ともにテーブルに飾るお花も忘れません。週末の食卓用に選ぶかわいいお花は、お料理を引き立たせ、幸せなひとときに欠かせないものです。食材と一緒に花束を抱えている人を見かけると、その人の洗練されたライフスタイルが目に浮かぶようです。

お花といえば、お祝い事に贈ったり、贈られたりというイメージがあるかもしれませんが、**自分のために買う特別なプレゼント**でもあります。

私はそのことをニューヨークで学びました。まず、日本とは比べものにならないほど、街のあちこちでお花を抱えた人を見ます。そして、どこのスーパーにも、小さなデリでさえ、キレイなお花がたくさん並んでいます。お花は、それだけニューヨークの人々の日常に密着しているものなのです。

ニューヨークで学んだ、「自分のためにお花を買う」楽しみ。ダイニングテーブルに一輪の花を飾ると、まるでレストランでお食事をしているかのようにテーブルが華やぎます。

そして忘れてはならないのが、ベッドサイドテーブル。美しいお花の香りとともに幸せな気持ちで眠りにつき、朝目覚めたときに一番に目に入るお花を見て、幸せな気持ちでベッドから起き上がることができます。

お花は、私たちを癒やし、優しい気持ちにしてくれます。

たとえばテンションが下がったときに、キレイなお花を眺めているだけで、心が安らぐことはありませんか？　お友達や家族に話を聞いてもらっても、心のモヤモヤを晴らすことはなかなか難しいものですが、お花は無条件に私たちを癒やしてくれるものです。

元気を与えてくれて、幸せな気持ちで包み込んでくれるお花。

今日は自分のために、お花を買って家に帰りましょう。

お花のある生活で、心に潤いと華やぎを与える。

自分の気分を運んでくるのは自分自身

ボストンに留学していたとき、ハーバード大学のキャンパスで、ネルソン・マンデラ氏のスピーチを聴く機会に恵まれました。マンデラ氏の名言をノートにたくさん書き留めていた私は、スピーチの前夜、眠れないほどに興奮したことを覚えています。

当日、屋外の会場にはたくさんの人が集い、白い舞台には美しい南アフリカの民族衣装を着た人々が座っていました。そして、どこか遠くから太鼓の音が響き出し、それに合わせて南アフリカの美しい民謡が聞こえてきました。

その音がどんどん近づき、舞台に上がってきた民族衣装を着た人々の美しい歌声とダンスに誰もが心を奪われたそのとき、舞台の袖から優しさに満ちた笑顔で手を振りながら、マンデラ氏が登場しました。音楽は潮が引くように静まり、代わりに大喝采が会場を包みました。誰もが世界平和へ偉大な貢献をされているマンデラ氏との対面に感動していました。

私がいつも大切にしているマンデラ氏の言葉のひとつに、

「外見は大切——笑顔を忘れぬよう」

（Appearances matter — and remember to smile.）があります。

その日、マンデラ氏は「27年間の投獄生活は自分にとって有意義なものであった。おかげでたくさんの本を読むことができました」と、輝く笑顔でおっしゃいました。

あれだけのつらい迫害にあいながらも、自分を傷つけた相手や人種を恨むどころか、愛し、心を寄せ続け、笑顔で平和を築く姿勢を貫く方の笑顔とは、こんなにも人の心を惹きつけ美しいものかと大感動し、この言葉の中にある「笑顔」の深い意味を、マンデラ氏を直に見ながら感じ取ることができました。

毎朝、鏡でチェックすべきこと

誰もが朝一番にすること、それは洗面時に鏡を見ることです。自分の肌の様子を確認し、スキンケアをしてキレイに肌を整え、お化粧をします。家を出るときは、もう一度玄関付近にある鏡の前に立ち、自分の姿全体をチェックしますよね。

さて、このとき、どれだけの人が鏡の前で「にっこり」微笑むでしょうか？

自分のお化粧や髪型、ファッションセンスのチェックに加えて、「笑顔」のチェックもしていますか？

朝一番の気分というのは、その日一日を支配しがちです。気持ちよくスタートした日は快調で、重い気持ちでスタートした日は、何だかエンジンのかかりが悪いものです。

自分の気分を運んでくるのは、自分自身です。楽しくない顔で鏡を見れば、そこに映っている自分は「楽しくない人」、満面の笑顔で鏡を見れば、そこに映っている人は「喜びと幸せに満ちた人」になるわけです。つまり、**笑顔で鏡を見ることは、自分に暗示をかけること、「楽しい気分になる魔法」をかけることと同じなのです。**

笑顔のない、いつもブスッとした人と四六時中顔を合わせていると、こちらまで楽しくない気分になりますよね。

その人は不機嫌でも不幸せでもないのかもしれません。ただ、鏡の前で自分の笑顔をチェックする習慣がないので、自分の顔つきが分かっていないのでしょう。鏡の前でニコッと微笑むことで、自分に笑顔の魔法がかかることを知らないのです。

毎朝鏡の前でチェックすべき一番大切なことは、自分の「笑顔」です。その日を気持ちよくスタートするためにも、鏡の前で自分にニコッと微笑んで「今日も素敵な日にしよう！」そう暗示をかけましょう。

一日の終わりも同じです。就寝前に鏡の前で自分にニコッと微笑んで、今日一日への感謝と自分のがんばりを褒めましょう。そして、笑顔で自分に「おやすみなさい」を言いましょう。あなたの素敵な笑顔が自分自身を癒やし、心地よい眠りに導いてくれます。

一日の始まりと終わりを笑顔にする——簡単なことですが、この習慣ひとつで一日が素敵なものになるのか、そうでないのかが決まってしまうのです。

鏡の前でニコッと笑って、自分に魔法をかけて。

甘いものが食べたいときは、思いっきり高級なものを選ぶ

女が一生をともにする手放せないものといえば、「体重計」ですね。毎日体重を量り、増えたら戻す、増えたら戻すという微調整を繰り返すことで、体形維持を実現し、つらく厳しい大がかりな「ダイエット」から縁遠くなれるのです。

しかし、なかなか理想どおりにはいきません。体重計はいつも手元にあるのに、怖くて乗らない日々が続き、あげくの果てに視界に入らないところに隠したりすると、とんでもない現実に直面したりするものです。

世界一美しく華やかだと称される、ニューヨークのニューイヤーズイブ。タイムズスクエアでは、カウントダウンに向けコンサートが開かれ、紙吹雪や秒読みの準備が慌ただしく行われます。

女たちは、この日のために用意しておいたとびきり華やかなドレスに身を包み、カ

ウントダウンパーティーへと繰り出します。シャンパンで乾杯し、心満たされる贅沢なディナー。食後は場所を変え、ダンスを楽しみながら、ワインやカクテルでカウントダウンを待ちます。

そして、今か、今かと新年を高揚した気持ちで迎えながら、心の中にある新年の決意（New Year's Resolutions）を今一度確認。いよいよタイムズスクエアのカウントダウンが表示されるモニターに、大きな数字が映し出されます。

新しくシャンパンがそそがれたグラスを片手に、全員が大声で一緒にカウントします。「5・4・3・2・1」「ハッピーニューイヤー！」

楽しい音楽が鳴り響き、誰もが喜びに満ちあふれる感動の中、グラスを傾けながら、誰ともなく新年の抱負を発表し始めます。

「今年はね、10kg痩せて昔の姿に戻る予定よ。まあ楽しみに見ててね」

そう胸を張って語るのは、この3年で30kg、順調に体重を落としている友人のリサ。金融関係の仕事に就く彼女は、ストレスから過食に走り、あれよあれよという間に100kgを超えるオーバーサイズになってしまいました。

間食を減らす唯一の道

3年前のことです。リサは私に悩みを打ち明けてくれました。

「エリカ、エリカの秘密を教えてくれない？」

「何？　何の秘密？」

「どうやって体形維持してるの？　私、昔の自分に戻りたい……」

そう涙ながらに訴えてきたのです。オーバーサイズの人は、生活態度に問題があるととらえられがちですが、先天的な体質だったり、幼少期より過食が日常という環境で育てられたりなど、本人にはどうすることもできない事情を抱えている人も多いものです。

そして、もうひとつの原因は、ストレスによる過食と間食です。

「リサ、体重計は持ってるよね？」

「実はね、捨てちゃったの。毎朝乗るのが怖くて捨てちゃったのよ」

これがリサのひとつの過ちでした。一緒に体重計を買いに行きがてら、彼女がオーバーサイズになってしまった理由を聞きました。

そのひとつが「間食」。

アメリカは不思議なもので、量が多いほどお値段が安いのです。たとえば1個のキットカットが100円、その4倍の大きさのビッグサイズが、なぜか99円で売られていることがあったり、牛乳、お肉、卵、そして洗剤も、1個300円、2個なら450円というように割安になります。合理的に考える人は量が多いほうを買いますが、お菓子に関してだけは、この選択が致命的になります。

リサは、さほど美味しくもないチョコレートやポテトチップスのお得サイズを買い、それで空腹を埋めていたのです。食べても食べても満足しない中途半端な味ですから、1袋食べ、次の袋を開けて食べ、それがオーバーサイズへと導きました。

そこで先日、ニューヨークのファッション業界で働く女性から聞いた、ダイエットに対する考え方を伝えました。

「リサ、痩せたいときの間食には投資するって知ってる？」

「えっ、何それ？　初めて聞いた」

満腹感を求めての食事は、もう一歩も動けないほど「量」を食べる……そこに満足を感じますよね。しかし、**「味」に満足を求めると、満腹にならずとも、心地よい満足感を得られます。味覚が満足するからです。**

これは間食にも言えることです。適当な味のものをたくさん食べても満足しません。だから、手当たり次第、次々と食べ物に手を出してしまいます。

そこで、甘いものが食べたいときは、思いっきり高級な美味しいスイーツを1個食べ、心を満足させる。これが、間食の量を減らす唯一の道なのです。

たとえば、20個入りで1パック1000円のいちご。5個食べても、10個食べてもまだ残っているので、あまり味わうことなく食べてしまいますね。

一方、1粒1000円のいちごだったら、どうでしょうか。1粒をお皿に載せて、横にホイップクリームを添えて、美味しい紅茶でもいれて、ゆっくり丁寧に味わいながらいただきませんか？

たった1粒に時間をかけ、丁寧に味わう。そして満足する。その後、空腹だからといって、お徳用チップスをバリバリ食べる人はいないでしょう。なぜなら、いつまでも、1粒1000円の高級いちごの後味を楽しんでいたいからです。
このように、大満足する「間食」をし、お腹ではなく心を満たす。これが過食防止、体形維持、健康的な食生活へとつながるのです。
リサは、早速これを実践しました。そして3年で30kgの減量達成。もちろん運動もがんばり、バランスのよい食事を心がけたトータルの成果ですが、思いきり高価なスイーツをほんの少し味わうことで、食べても食べても満足できず暴走を止められなかった「間食」を、ついに食い止めることができたのです。

甘いものが食べたくなったら、量に走らず質に走りましょう。

高級スイーツを丁寧に味わうことで心を満たす。これが、ニューヨークの女性たちの間食の心得です。

心が満足すれば、食欲の暴走は止められる。

一生をともにしたい本は、手の届くところにちりばめる

友人のジェーンとマーク夫妻は、60歳を過ぎて再婚した、愛があふれる熟年新婚カップルです。余生を楽しく幸せに過ごすために選んだパートナーだからこそ、周囲にはいつも笑顔と笑いがたくさん。毎月「ワインの夕べ」や「ムービーナイト」など、テーマを決めたホームパーティーを開き、友人知人を招いて楽しいひとときを過ごします。

マンハッタンの最高級アパートが立ち並ぶ5番街の14階にあるふたりのお宅を初めて訪問したとき、ハリウッド映画でよく観るような光景に驚きました。制服をビシッと着こなしたドアマンとエレベーターボーイ、リビングルームからは5番街を挟んでセントラルパークが一望でき、池に浮かぶ白鳥さえも見えるという素晴らしさ。

15名はゆったり座れるソファーに囲まれているのは、優しい色調がキラキラ光る、

美しいモロッコタイルでつくられた大きなリビングテーブル。そして、その上にはたくさんの本が無造作に置かれていました。

インテリアアクセントとして、画集などをリビングテーブルの上に飾る人は多いのですが、ジェーン宅の本は、どれも今読んでいたかのように開いてあるのです。インテリアとしてではなく、読むため、見るために置いてあることが一目瞭然で、画集、お料理の本、写真付きポエム、小説など、バラエティー豊かでした。

ジェーンに、「これらの本はお気に入り?」と聞くと、

「そうなのよ。いつも読みたい本は、手の届くところに宝石のようにちりばめておくの。今日の気分はこれ、今の気分はこれって、いろいろ広げてぱらぱら読むのが好きなのよ。だからどの本も全部開いているでしょ」

と、笑顔で答えてくれました。

いい本に囲まれることは、いいパワーに囲まれること

一生をともにしたい本だけ厳選して購入する私も、ジェーンと同じように好きな本

をいつも手の届くところに置いて生活しています。書棚には入れません。

もう何回も読んでいるのに、またページを開きたくなる本ってありますよね。その本を読めば心が軽くなったり、元気が出たり、気づきを与えられたり、前向きになれたり、笑顔が自然に浮かんで優しい気持ちになれたり、心から笑えたり……。

自分の心に響くメッセージが詰まった本が、いつも手の届くところにあるというのは、常によいパワーに囲まれていることと同じです。

本を読んだときに心に響く言葉があっても、時の経過とともに人間の感動や記憶というのは薄れてしまうものです。だからこそ、その**共感したことを忘れないために、たびたび手に取りページをめくり、学びや気づきを自分に思い出させる**。このプロセスが大切です。

心に響いた宝は印をつけて記録する

ミッキーマウスを誕生させた、ウォルト・ディズニーが残してくれた素敵な言葉があります。

「宝島の海賊たちが盗んだ財宝よりも、本には多くの宝が眠っている。そして、何よりも、宝を毎日味わうことができるのだ」
(There is more treasure in books than in all the pirates' loot on Treasure Island and best of all, you can enjoy these riches every day of your life.)

読み終わった本を書棚に並べたり、平積みする人も多いのですが、読み終わった時点で、一生をともにしたい本かどうか、そこに「宝」があったかどうかを考えましょう。YESであれば、常に手に取れるところに置く、NOであれば書棚に並べる。この分別を行うかどうかで、宝を毎日味わうか、宝の持ち腐れになるかが決まります。

私の場合は、心に響いた部分には線を引きながら読み進めます。ときにどこを読んでも心に響き、線だらけのページになることもありますので、その場合は、特に心に強く残したい部分の行の上に大きな丸印をつけるようにしています。「特にこの部分」というマークです。

ペンを片手に本を読むので、読み終えた時点で、どれほどの宝がその本に詰まっていたのかは、ページを見れば一目瞭然です。

まれに、線が全く引かれないものもあります。その本は迷わず書棚に並べます。


毎朝、出勤前に選ぶ1冊の本。私のカバンに入っている本は、毎日違います。毎朝、今日はこれ、今日はこれと、好きな本を手に取りカバンに入れます。

読み方にルールはありません。後ろから読んだり、前から読んだり、バラバラに読むことで、心に響いたメッセージを再認識することができ、心が満たされます。


何度読んでも心に響く本、それらはいつも手の届くところにちりばめましょう。そして、キレイな状態を保つ読み方ではなく、心に響いた箇所がひと目で見つけられるように、印をつけながら読み進めましょう。

いい本は人生の宝物です。

本を読むときは、宝物を探すつもりで。

2つの贅沢のバランスを保つ

友人のエレーナは北欧系のアメリカ人。輸入業で大成功を収めている、二人の女の子のママです。アッパークラス（富裕層）に属する彼女は、サマーバケーションを世界のどこかの別荘を2ヶ月間貸し切り、両親や姉妹、その家族と一緒に過ごします。

9月に入り、久しぶりにパーティで顔を合わせた彼女は、かわいい布袋に入ったバスソルトのお土産を差し出しながら、今年はスペインの地中海沿いにある避暑地で過ごしたと教えてくれました。こんがり焼けた肌と屈託《くったく》のない笑顔が、充実した休暇を物語っていました。

彼女はバケーションに、二人のナニーと家政婦さんも連れていきます。子守や家事を手伝ってもらうためだけではなく、彼女たちにもオフの時間を楽しませてあげたい、リフレッシュしてもらいたい、という思いやりがベースになっています。

誰もがうらやむ休暇を過ごす彼女から学んだのは、**贅沢には「物質的な贅沢」と**

「心の贅沢」の2種類があり、そのバランスが幸せに通じる、ということでした。

人はときとして「物質的な贅沢」だけに目を向け、憧れるものです。ゴージャスでリッチな長期バケーション、行きつけの有名レストラン、高級ブランド品のお買い物。これが日常である人を「贅沢な人」と形容し、「私もあんなふうに贅沢してみたい、きっと幸せだろうな～」と思います。

では、「贅沢な人」と思われている本人はどうでしょうか？　本人はこの「物質的な贅沢」に心満たされ、本当に幸せを感じているのでしょうか？

一概にそうとは言えません。なぜなら「心の贅沢」が伴わないと、充実感や幸せにはつながらないからです。「物質的な贅沢」と「心の贅沢」のバランスが保たれていないと、人は空虚感を抱くものです。

「あの人は、高級な物をたくさん持っているのに、またあんなにお買い物をしている。どうしてそんなに買ってばかりいるんだろう？」と、不思議に思ったことはありませんか？

それは、心が満たされていないからです。

心を満たすには「心の贅沢」が必要なのです。

「心の贅沢」は、心に響くものから得られます。たとえば、高級レストランに行く、ファーストクラスに乗る、リムジンで美術館に乗り付ける、高級別荘を借りる、街でたくさんのお買い物をする……これらは、物質的な贅沢です。物質的な贅沢にだけ目を奪われていると、心は満たされません。

しかし、あとあとまで心に残る美味しい料理の味わい、飛行機の中で過ごした楽しいひととき、美術館で見た一枚の美しい絵、家族や友達と一緒に楽しむ料理の時間、プールサイドで見た美しい夕日、街角で撮る旅の思い出の写真……こんなふうに、心に響くものを見つける視点を持つと、心の贅沢を味わえます。

つまり、人は「物質的贅沢」と「心の贅沢」のバランスがとれているときに、幸せを感じるものなのです。

自分の物差しで他人の贅沢ははかれない

さて「贅沢」という言葉についてですが、これは常に自分の主観や感性に基づくものです。自分の贅沢が他人にとっても贅沢とは限りません。

美術館を後にして「ああ、贅沢な午後を過ごした」と感じる人もいれば、何も感じない人もいるでしょう。スターバックスのコーヒーを味わい「今日は贅沢なコーヒーを飲んじゃった」と感じる人もいれば、そうでない人もいるでしょう。

ここに、どちらが正しいという答えはありません。「贅沢」の定義は人それぞれ違い、自分の物差しで他人の贅沢ははかれないのです。


人や世間一般の評価ではなく、自分の感じる「物質的贅沢」と「心の贅沢」のバランスを保ちましょう。そのことが、自分の心を満たし幸せな気持ちにつながります。

ニューヨークの美しい人は、このバランスを上手に保っています。だからこそ、たとえリッチなライフスタイルでも、浮き立つことなく上品に、そして謙虚に輝くのでしょう。

「贅沢」の定義はあなたが決める。

心のハンドルはしっかり握っておく

夏の週末、マンハッタンの東西を流れるイーストリバーとハドソンリバーには、セーリングを楽しむ白い帆のヨットやクルーザーがたくさん浮かびます。照りつける日差しで焼けた大地を離れ、水の上で涼を楽しむ、そんな時間を過ごす人も多いニューヨークです。

その日私は、いつものメンバーと友人のスコットの船に集合していました。泳いだり、釣りをしたり、日光浴をしたりしながら、チーズやクラッカーをつまみ、シャンパンやビールを味わいながら至極の休日を過ごしていたときに、事故は起きました。

ほんのわずかの間、ハンドルから手を離し、話に夢中になっている間に船は流されてしまったのです。そして、「ドーン」という音とともに、船は停泊中の別の船に衝突してしまいました。幸い誰もケガをせず、傷んだのは船だけでした。

操縦する人がいないと、気づかない間にどんどん予想外の場所へ流されてしまう。これは船に限らず、人の心も同じです。

しっかりハンドルを握っておかないと、衝突するばかりでなく、漂流してしまいます。どこに向かっているのかさえ、分からなくなるものです。

自分の心は自分で操縦しなければなりません。気持ちを一人歩きさせてはダメということなのです。日々の暮らしの中では、うれしいこと、幸せなことと同じだけ、つらく厳しいことにも直面します。

ガクッと落ち込んだり、凹んだり、なかなか元気になれなかったりなど、ネガティブな気持ちを吹っ切るのは容易ではありませんよね。人はポジティブなことよりも、ネガティブなことに心を支配される生き物だからです。

ネガティブなことは連鎖反応を起こします。ひとつの失敗や不安な出来事が、他の不安なことまで呼び起こすなど、悪いほうへ悪いほうへと進んで、容易に増大、あっという間に心を埋めてしまいます。

つまり、いつもポジティブでいる人は、心の操縦方法を知っているから、ポジティブでいられるのです。

ネガティブな感情が顔に出てしまうなら

あなたは、気分にムラがありますか？　幸せなとき、イライラしたとき、不愉快なとき、腹立たしいとき、それが顕著に表に出るタイプですか？

答えが「ＹＥＳ」ならば、簡単に直せます。まずは、「自分は気分にムラのある人なんだ」と気づくこと。そして、怒りやイライラに支配されそうになったら、そのネガティブな気持ちを一人歩きさせないように、心を操縦すればいいのです。

では、どうやって心を操縦すればいいのでしょう。

操縦するために必要な技術、それは、**ネガティブなことは右から左に流す、通過させる**ということです。ネガティブな出来事は、残念ながら未然に防ぐことはできません。でも、それにいちいち反応せず、流すことならできますね。

船があなた、雨や強風がネガティブな出来事だとすると、ハンドルをしっかり握って、雨や強風に巻き込まれないようにハンドル操作でかわしていけばいいのです。これができるようになってくると、気分のムラが解消され、いつも軽やかな気持ちでいられるようになってきます。

バレンタインデーを数日後に控えた雪の日、タクシーが拾えず、私はとぼとぼと通りを歩いていました。パーティーに出席するところだったので、素足にお気に入りの靴を履いていたものの、すべてのタクシーは満車のサイン、凍える足を引きずり歩いていたのです。

何だか不幸せな気分に包まれそうになったとき、目の前に広がったのは、真っ赤に染まるエンパイアステートビルディング。恋人たちのために赤とピンクで美しくライトアップされていたのでした。

その光景に出合い、美しい姿をブログにアップして皆でシェアしたいと、私はすぐさまポケットから iPhone を取り出し、夢中で写真を何枚も撮りました。

自分の心を操縦しそびれていた私は、しっかりハンドルを握り直し、雪道の徒歩、タクシーが拾えないというネガティブなことは右から左に流し、今目の前にそびえる美しい光景と写真という小さな幸せで胸をいっぱいにできたのです。

私はこの一件で、不幸せな出来事よりも、たくさんの小さな幸せで心を満たし、人からの褒め言葉やうれしい出来事などポジティブなことでいつも心を包んでいれば、自分の心を操縦できることを学びました。

ネガティブな出来事にぶつかったときの心の操縦法を知ることは、笑顔や輝きを絶やさないために大切なことなのです。

不運な出来事を思い出すよりも、小さな幸せを数える習慣をつける。

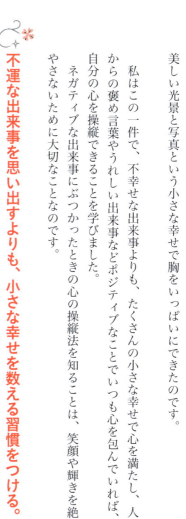

自分だけの記念日を大切にする

まぶしいほどの日差しと爽やかな風が心地いい7月、友人のヴェナが、彼女の所属するソーシャルクラブのテラス席で楽しいジャズパーティーがあるから一緒に行こうと、誘ってくれました。

5番街をウインドウショッピングしながら彼女と一緒に歩き、57丁目の角に差しかかったとき、「エリカ、ちょっとだけ付き合ってくれない?」と言ってヴェナが扉を開けて入ったのは、ティファニーブルーと称される箱に白いサテンのリボンが世界中の女性たちを魅了し続ける、ティファニーのニューヨーク本店でした。

何度足を運んでも夢見心地を約束してくれるティファニー本店は、たくさんの人々でにぎわっていました。

「多分もう仕上がっていると思う」とうれしそうに階段を上るヴェナの後ろに続いて

向かった先は、シルバーコレクションのコーナー。「こちらでございます」とビロードのケースに載って運ばれてきたのはキーホルダーで、ハート形のチャームに日付が彫られていました。

誰かへのプレゼントかなと思いながら「わ〜、かわいいキーホルダーだね」と言うと、「自分へのプレゼント。記念日を彫ってもらったの」とヴェナ。

記念日を入れて自分に贈り物をする、ニューヨークの女性ってなんてお洒落なのかと、ヴェナの手元で揺れるティファニーブルーの小さな紙袋をうっとり眺めました。

5番街から少し入ったところにあるソーシャルクラブの屋上テラスには、すでにたくさんのメンバーやゲストの方々が集《つど》い、カクテルタイムを楽しんでいました。

冷えたシャンパンをボーイさんのトレイから受け取ると、話題は自然に先ほどのキーホルダーのことになりました。

彼女が彫った日付は、自分に誓いを立てた日だそうです。この先の目標を書き出し、自分が何を目指したいのかをしっかり見極め、それを目指してがんばろうと心に誓ったことをいつも忘れないように、キーホルダーにその日付を彫ったと言うのです。夢を決意した記念日なのですね。

自分の歴史を大切にする

人生の記念日は、人それぞれです。お誕生日や入学、卒業、結婚、子供が生まれた日、開業した日など、たくさんの節目となる記念日がありますよね。そして、それに加えて設ける、自分だけの人生の記念日もあります。

たとえば私にとって、ニューヨークに降り立った12月12日は、大切な記念日です。会社の設立日や、趣味の空手を始めた日、そして今あなたが読んでくださっているこの本が発売された日も、人生の大切な記念日です。

夢を実現するために何かを決意した日や、何かをやり始めた日などを大切にするのは、自分の歴史を大切にすることと同じです。その日が近づくたびに気持ちが引き締まり、心新たに一歩を踏み出すことができるでしょう。その日を忘れないために、手帳に印をつけ、常に注意をはらうのもいいですよね。

ヴェナの夢は、プロのカメラマンになることです。いつか世界遺産を撮る旅に出たいそうです。その晩、キラキラ輝く星空の下、ジャズの音楽に酔いしれながら、果てしなく広がる夢の話で夜遅くまで盛り上がりました。

眼下に広がるライトアップの美しい5番街を眺めながら、「人生の記念日」を大切にする生き方は、人生をキラッと輝かせてくれるように感じました。

人生の記念日は、自分の心の中の節目です。

あなたの「人生の記念日」はいつですか？

第3章

国際基準の「美しい思考」の作り方

転んでもすぐに起きる「起き上がりこぼし」になる

その日の朝、オフィスのエレベーターホールで、上から降りてくるエレベーターを待っていたら、いつもは無人のエレベーターから人が降りてきました。別フロアの広告代理店に勤めるアンジーが、大きな箱を抱えて降りてきたのです。

その箱が意味するのは「レイオフ（一時解雇）」、朝出社してみたらレイオフを宣告され、即座に荷物をまとめてオフィスを出なければならない。誰にとっても衝撃的な出来事が、今朝アンジーの身にも起こってしまったようでした。

「何て声をかけよう」と言葉を探している間に彼女が私に気づき、「エリカ、おはよう！」と、いつもどおり笑顔で挨拶してくれたのです。

どんなときでもポジティブであることを大切にするニューヨークの女性って、やっぱり美しいなと感じながら、「アンジーおはよう」と余計なことは言わずに挨拶しました。するとアンジーは、

「レイオフされちゃった。あとでメールするね。Have a wonderful day!」と言い、ニッコリ笑ってビルの玄関を出ていきました。

きっと落ち込み、傷ついているにもかかわらず、その素振りを全く見せなかったアンジーからのメールを数日間待ちましたが、届きませんでした。

そんなある日の午後、コーヒーを買いにパークアベニューの角にあるスターバックスへ行きました。大きな窓から差し込む日差しが気持ちよく、広い店内は打ち合わせに使う人でいつも混雑しています。コーヒーを買う列に並び、ふっと窓のほうを見ると、そこにアンジーが座っていたのです。書類をテーブルにたくさん広げて、もう次のことに動き出している様子でした。

そのとき、アンジーが私に気づき、「来て！」と手招きしました。コーヒーを買い、アンジーのテーブルへ行ってみると、机には履歴書と職務経歴書が広げられていて、「今から面接なの。面接にこぎつけたのよ。すごいでしょ！」と自信たっぷりな様子で言うのです。

「アンジー元気でよかった。メールがないのは元気な証拠だと思ってた」と話すと、あまりに予想外の突然の出来事で倒れ込みたいほどショックだったけれど、倒れている時間はないから、すぐ立ち上がって前進している、と教えてくれました。ほんの少しの間おしゃべりを楽しみ、「就職が決まったらすぐに知らせてね、乾杯しようね！」と言って私はスターバックスを後にしました。

転ばないことより大切なこと

誰の人生にもある失敗や挫折。越えられない山の前で茫然《ぼうぜん》と立ちつくしたり、越えようとジャンプして谷底に落ちたり……。つらく厳しい出来事に見舞われているときは、元気も失いどん底に落とされた気分に包まれるものです。

私もこのニューヨークで、交渉決裂、信頼していた人からの裏切りなど、試練にあい、落ち込みました。でも、そのたびに思い出しては勇気をもらったのが、ネルソン・マンデラ氏の次の言葉です。

生きるうえで最も偉大な栄光は、

決して転ばないことにあるのではない。
転ぶたびに起き上がり続けることにある。

「起き上がりこぼし」になるということです。転んでもヒョイッと起きる、あの起き上がりこぼしです。**転んだり起きたり、転んだり起きたり、この過程すべてが人生なのです。**そして人は、起き上がるたびに、強くたくましく成長します。転んだ原因から学び、次に備えます。人生の中で一度も転ばない人なんていません。皆、瞬時に起き上がるから、私たちは周りの人が転んだことに気づかないだけなのです。

ニューヨークの人は、転んでもすぐ起き上がります。一秒たりとて無駄にできない、無駄にしたくない。転んだらすぐ起き上がり前進する。そんな強さ、たくましさに包まれています。

でもその一方で、たとえ起き上がれなくても誰も手を差し伸べてくれない、そのまま倒れていても誰も気にしない街でもあります。なぜなら、人生はあなたのものであり、どう生きるかはあなたが決めることだからです。あなたの人生に手出しをしないのは、ニューヨーク的愛情表現のひとつなのです。

誰も助け起こしてくれないことを悲しく思うこともあるでしょう。それは冷たいのではなく、あなたに自分の力で立ち上がってほしいからなのです。助け起こしてくれなくても、あなたが再び立ち上がったときに褒めて喜んでくれたら、それもその人の愛情であることを忘れないでくださいね。


転んでも起き上がり続けることは、人生の宝物です。そこから生きる強さや逆境を乗り越えるたくましさが身につきます。

転んでもヒョイッと起き上がる「起き上がりこぼし」な生き方で、人生パワフルに歩んで参りましょう！

助けを待たず自力で立ち上がるのが、国際基準の美しさ。

年を重ねるにつれて、好きなものを増やしていく

ニューヨークに住み始めてつくづく感じることがあります。それは、**「生きるということは、人生を楽しむこと」**だということ。

眠らない街ニューヨークで猛烈に働く人々は、ランチを食べ忘れるほど目まぐるしい一日を過ごしながらも、人生を楽しんでいます。

友人のピーターは弁護士です。初めて会った日、彼は法廷に提げていくような鍵付きの大きなアタッシェケースにスーツ姿でラテンダンスの教室に入ってきました。最初は「えっ？　あなたが？」と、ラテンダンスとは全くマッチしない雰囲気に大変失礼ながらも驚いたものです。

椅子に座り、アタッシェケースから取り出したダンスシューズに履き替え、ジャケットを脱ぎ、ネクタイを外し、腕まくりをしたその姿に目が釘付けになりました。な

ぜならここはビギナーのクラス、初心者向きのため、ダンスシューズなど持っている人は誰もいなかったのです。

先生がやってきて、皆一列に並び、音楽に合わせてステップの練習が始まりました。上半身を揺らさず、腰を揺らしてセクシーに踊るのはなんとも難しいのですが、リズム感のいい人たちは上手に踊っています。彼はどうなのかと興味本位で身を乗り出してのぞいてみると、全くステップについていくことができていません。でも、明らかに楽しんでいる様子です。

クラスの後半は男女ペアになり、前半のステップをペアダンスに応用する練習です。私は彼とペアを組みました。ところが、彼はおしゃべりで、ステップが踏めないのに話しかけてくるのです。私が「集中して！（Stay focused!）」と厳しく言ったところ、それが仲良しになるきっかけとなりました。

ピーターは70歳。人生を楽しむ秘訣は、好きなものと好きなことをどんどん増やすことだよ、と教えてくれました。

最近、好奇心が弱まっていませんか？

人は年を重ねるほどに好奇心が弱まり、自ら世界を狭めてしまいます。出かけるのが億劫《おっくう》になったり、何かを楽しむことが面倒になったり、そんな経験はありませんか？

好奇心が弱まってきたと感じたら、意識して引っ張り上げましょう。気分のまま、流れるがままに任せていては、「人生はつまらない。退屈だ」という日々につながります。

まだまだ続く人生を楽しむためには、好きなことをどんどん増やすことです。

大切なのは、いつでもできる、一人でもできる「好き」を持っていること。一人でもできる「好き」があると、気分が落ち込んだり、嫌なことがあったりしたときも、誰かに話を聞いてもらわずして、自分を立て直すことができます。

私の場合、大好きなコーヒー片手に好きな通りをお散歩したり、お花を買って帰ったり、極上のスイーツを食べたり、空手のお稽古をしたりなど。いつでも、一人でもできる「好き」がたくさんあるので、誰かをあてにせず、気分を上げることができます。

他にも、心がウキウキすることを取り入れるのもいいですね。新しい習い事にトライする、本を読んでお気に入りの作家を開拓する、新しいネイルカラーやリップカラーを試す、かわいいノートや筆記用具を使う、気になっていたカフェに入るなど、ひとつひとつは小さなことでも、これらの好きが人生を楽しいものにしてくれます。

こんなふうに日々の生活を楽しくしてくれる「好き」をどんどん増やしましょう。

私はピーターに触発され、ダンスシューズを買いました。長時間踊っても足の裏が常に安定する特別インソールまで買いそろえたら、ダンス教室の時間がさらに楽しくなりました。

どんなに過酷な日常でも、好きなことを増やして人生を楽しむことで元気になれるのです。その元気のパワーが、過酷な日常を乗り越える力になるのです。

いつでも一人でもできる「好き」が、自分を立て直してくれる。

チャンスは準備して待つ。絶対に逃さない

ニューヨークの街角や駅構内で、素晴らしい音楽を奏でるストリートミュージシャン。そのレベルの高さは有名です。

音楽学校の生徒が練習を兼ねてヴァイオリンを弾いていたり、バンドグループがリハーサルを兼ねてギターやドラムを演奏していたり、決してお金稼ぎがメインの素人とは限らないのが、ニューヨークのストリートミュージシャンです。

成功を夢見てチャンスをつかみにやってくるストリートミュージシャンは、どこの街角で演奏するか、何を演奏するか、何を着て、どんなインパクトを与えて演奏するか、すべて計算済みです。専門家に作ってもらったCDを足元に並べ、バンド紹介の看板を立て掛け、いつチャンスの女神が自分たちの前を通りかかっても、前髪をつかめるように準備を整えています。

チャンスの女神が通るまで、あと1時間かもしれない

あなたにも、きっと夢や目標があると思います。夢や目標を描き、実現するためにはどうしたらよいかを考え、粘り強く努力を続けながら、少しずつ形にしていく日々は充実感があり楽しいものです。夢があるから、どんなにつらく厳しい状況でも乗り越えて進んでいけるのです。

ここで大切なのは、夢の実現までどれだけかかるかは誰にも分からないということ。自分の予想ではあと1年と思っても、3年かかることもあれば、今日突然、チャンスの女神が前を通りかかることもあります。

つまり、**チャンスが来たらつかめるように、「準備」を整えておくことが大切なのです。**

たとえば、リラクゼーションサロンのオープンを夢見て、エステティシャンの資格を取り、他店で経験を積み、着実にオープンの準備を進めているとしましょう。しか

しこれだけでは、準備が整っているとは言えません。

サロン経営についての学び、他店との差別化はどうするかという具体的メニュー作り、どうしてお客様はあなたのサロンを選んだほうがいいのかという強み、集客方法、人気店の調査、そしてサロンの名前や商標の決定、サロンの住所が決まっていなくても名刺を用意するなど、事前に準備しておくことはたくさんあります。

また、転職を希望している方ならば、何かのご縁で出会った方にいつでも履歴書を提出できるよう常に携帯したり、新しいプロジェクトに抜擢《ばってき》されたい方ならば、企画書を数枚用意しておいたりしましょう。

私の場合、誰にお会いできるか分からないパーティーには、自社製品を必ず持参します。素晴らしい人との出会いがあり、名刺交換もできたのに「商品は明日送ります」では、チャンスを逃したことになるからです。

夢を実現させたいなら、「そのとき」がいつ来てもいいように、準備を整えておかなくてはなりません。**チャンスが来てから準備に入るのは、チャンスを逃したのと同じことなのです。**

チャンスは絶対に逃さない。それほどの覚悟で演奏しているニューヨークのストリートミュージシャンたちは、その場で雑誌やミュージックビデオの撮影を受けてもいいくらいのプロフェショナルな装いで、準備を整えて演奏しています。

誰かがチップを入れてくれるかどうかを心配するのではなく、誰が聴いているのか、チャンスの女神が目の前を通らないか、そこにフォーカスしているのです。

チャンスをつかむために、準備して待ちましょう。これが、国際基準の夢のつかみ方です。

夢実現のために今できることを書き出してみて。そして行動して。

何があってもポジティブ、ポジティブ

ニューヨークは夢と魔法が詰まった宝石箱のような街です。そしてポジティブシンキングを磨くためにもピッタリな街です。

美しいものを見て感性を磨き、ドレスアップして女度を磨き、スターシェフのレストランで味覚を磨く。ブロードウエイのミュージカルを観て自分に活を入れ、ゆるんだ体をウォーキングやヨガでギュッと引き締め、笑顔と「Thank you!」が飛び交う日常の中で心の美しさを磨く。大都会の街角で触れる小さな優しさに思いやりの大切さを再認識し、170ヶ国の言語が飛び交う中で、世界中の人々とすれ違いながら国際感覚を磨く。そんな街です。

ネガティブなことをはらいのけ、ポジティブなことで自分を包み込むと、自分を信じる気持ちを取り戻せたり、内面をもっと素敵に輝かせたりすることができます。いつもポジティブでいるために、それを強く意識して生活することが大切です。

その一例としてニューヨークでの日常を書き出してみましたが、これはあなたの日常生活に起こることに置き換えて実践することもできます。


しかし人生というのは、言葉どおりに進まないものでもありますよね。仕事でミスをした、友だちに裏切られた、思いがけない出費をしてしまった……そんなときは、つらくて長い一日（ネガティブな日）を過ごさなければなりません。

一方で、交渉が成功した、久しぶりに会った友人と会話に花が咲いた、お気に入りの洋服を手に入れたなど、楽しくてあっという間の一日（ポジティブな日）もあります。

そんな日々の組み合わせが人生です。**もし今、つらい、苦しい、前に進めないなど四面楚歌《しめんそか》であったとしても、それは長い人生の中の「今」だけであって、この先もずっとそうだとは限りません。**


友人のアドリアーナはファッションモデル。華やかながらも競争の厳しい美の世界では、挫折感を味わう出来事もたびたびあります。そんな彼女がいつも大切にしているアメリカのことわざがあります。

「Fake it till you make it!」（できるまで、できるつもりで！）

これは、「自分で自分を引っ張り上げなさい」ということです。できるようになりたいけれど、できないことがあると自信がないので弱気になり、気持ちがどんどん落ちてネガティブに包まれてしまいがち。だからこそ、もっとポジティブな気持ちで、自信を持って取り組みなさい、というニュアンスです。

できなくても（できるまで）、できるつもりでやってみる。
自信がなくても（自信がつくまで）、自信を持ってやってみる。
あきらめずに、やってみる。
何があってもポジティブ、ポジティブです。

できなくても、自信がなくても、あきらめずにやってみる。

貴い人生にバツをつけるような言葉は使わない

冬のニューヨークのスケートリンクは、恋人たちにとって、愛を深める大切な存在でもあります。

世界一美しいクリスマスツリーが飾られるロックフェラーセンターのスケートリンクでは、リンクの休憩時間に、恋人たちのためにプロポーズパッケージ（Engagement-on-Ice）のプランが用意されています。

誰もいないスケートリンクに二人だけ。思い出の曲が流れ、世界中から訪れた人々が四方八方から見守る中、彼は彼女の前にひざまずき、彼女にダイヤモンドの指輪の入った箱を差し出して「結婚してくれますか？」（Will you marry me?）と聞きます。彼女が「もちろんよ！」（Yes, I will!）と答えると、彼は立ち上がり彼女を強く抱きしめます。

それを合図に、音楽の音量が上がり、四方八方から眺めていた世界中の観光客たちが歓声をあげ拍手を贈る。もう何回見たか数えきれないほどこの場面に出くわし、幸せのおすそ分けをたくさん頂戴してきました。

その日、アツアツのホットココアを買ったカフェの窓に貼ってあった、イラスト付きメッセージカードのことを考えながら、ロックフェラーセンターを横切りました。ちょうどプロポーズパッケージの時間です。

白いリンクの上の恋人たちを眺めていると、さっきカフェで目にしたカードのメッセージがなんとも素敵な言葉になって心に響いてきました。それは、かわいいウエディングドレスを着てブーケを持った花嫁さんが、ニッコリ微笑みながら「過去2回の結婚は練習よ！」(The past two marriages are practice!) と言っているイラストでした。他のいろんなユニークなメッセージと一緒に、窓に貼ってあったのです。

成功しなかった経験はすべて練習

長い人生、何事も一度の挑戦でうまくいくとは限りません。受験や就職でもそうですよね。落ちた、ダメだった、成功しなかったという経験は、言うなれば「練習」です。「練習」を重ね、そこから学び成長し、チャレンジし続けることが大切なのです。

また、大学や就職先に見事合格、採用されても、進路やキャリアを変えるために新たにチャレンジし、再出発することもあります。

結婚生活も同じです。たとえば人生90年として、25歳のときにこの先65年間一緒に生きる人を選ぶのは、考えようによっては非常に困難なことです。この先65年間、この人とどんなふうに生きていきたいかイメージを描こうにも、先が長すぎて描きづらかったりします。

時の経過とともにお互いが予想外に変わったり、二人をとりまく環境が変わったりして愛情が冷め、幸せでなくなってしまった……そして離婚を決意。そんなこともあるでしょう。

もちろん、もっと複雑な事情もたくさんあると思います。ただ、ここで気づいてほしいことは、**「離婚」は「幸せになるための決断」**だということです。一緒にいるのがもう幸せではないから、別々の道を歩み、お互いの幸せを探しましょう、ということです。

日本では、離婚はネガティブなこととして表現されますが、実は「幸せのための決断」であって、ポジティブなことなのです。

新しい幸せの門出に塩をまく言葉はNG

離婚を「バツ」と表現するのは、自分の人生の一部分を否定することです。また、離婚という新しい幸せに向けての門出《かどで》に、自ら塩をまくような響きもいただけません。自分の結婚歴に「バツ」を引用するのは、美しい大人の女性にはふさわしくありません。

「バツイチ」「離婚1回」と表現するのではなく、「結婚1回」「練習1回」と表現するほうが、はるかに上品で洗練された大人の女にふさわしいと思いませんか？

2回離婚をしているなら、堂々と胸を張って「結婚2回」「練習2回」と表現しましょう。

毎年新しい言葉が生まれ、消えていきます。時代の流れを意識し、流行語を使うこともときには必要かもしれません。しかし、はたしてその言葉が本当に自分にふさわしいものかどうか、品性を失わない、美しい大人の女にふさわしいものかどうか、使う前に吟味《ぎんみ》することが大切です。

「バツイチ」「バツニ」「バツサン」

あなたの貴い人生に、他の人の貴い人生にバツマークをつけるような言葉は、今この瞬間にあなたの辞書から消しましょう。あなたの辞書にあるべき言葉は、心に美しく響く洗練されたものだけです。

人生の門出にまくのは塩ではなく、フラワーシャワーです。

美しい大人の女性は、使う言葉を吟味する。

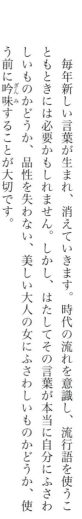

知らないことを探求してみる

全米最大の都市ニューヨークは、おおよそ170もの言語が飛び交う多民族都市です。自分とは全く違う国の人々が、同じ屋根の下で仲良く共存しています。世界旅行をしなくても、世界中の人々と触れ合うことができるのが、ニューヨークの魅力のひとつでもあります。

ある日、インド人の友人アナンダが「ソーホーにあるインドカフェに行ったことある？」と聞いてきました。ときどき前を通りかかるものの、立ち寄ったことはありませんでした。「エリカ、あそこのチャイ、一度飲んでみて。驚くから」と、すすめてくれたのです。

本場インドのチャイは、スパイスを入れて煮出すインド式のミルクティーです。その美味しさは有名ですが、私は一度も試したことがありませんでした。そこで、インド人のアナンダが絶賛するチャイはどれほど美味しいのか、早速その日の帰りにインドカフェに立ち寄りました。

小さな店内は独特の香辛料の香りに包まれ、世界中から集まった観光客やローカルな人々でにぎわっていました。

ガラスの容器からハンドメイドのクッキーを2枚取り、会計を済ませてカウンターに座っていると、早速チャイが運ばれてきました。期待に胸をふくらませながら、一口飲んでびっくりしました。彼女の言ったとおり、あまりの美味しさに驚いたのです。「重厚な味わい」、この表現がピタリと当てはまる味です。紅茶の香りと浮き立たないスパイスの香りが見事にミックスし、上品な甘さがとてもまろやかに混ざり合っていました。

こんなに美味しい飲み物がこの世に存在していたとは……。知らないということは、ときに人生の楽しみを棒に振るようなものだと、心からそう思ったのです。

日常生活の中で目にする情報はたくさんあります。たとえば朝刊を見ただけでも、そこにはあなたの知らないこと、興味のないことがたくさん書いてあるでしょう。その中からひとつ選び「これはどういう意味だろう？」と調べ、知らないことを知ってみる。この小さなアクションが自分の知識を深め、教養があってユニークな話題を持っている人につながっていきます。

興味のあることだけで生活を固めてしまうのは、とらえようによってはマンネリ化した生活とも言えます。毎日同じ、変化や刺激のない日々は退屈です。**知らないことに出合い、そこからさらに知識を深めていくのは、新しい刺激を自分に与えること。**あなたの世界はどんどん広がりを見せるようになるでしょう。

一日ひとつずつ、知らないことを「知る」に変える

人生を豊かにするには、何事も受動的ではなく、能動的である必要があります。入ってくる情報を待つのではなく、自ら「知りたい」という欲求を芽生えさせ、「知ろう」と行動を起こすことです。知らないことを知るのは、あなたの人間の幅や奥行きをグーンと広げてくれることなのです。

インドのチャイから始まり、インド料理に使う香辛料のこと、インドの女性たちが

長い黒髪を保つために使っているヘアケア製品のこと、インド人の名前のつけ方、たとえば友人アナンダの名前の意味は「幸福」で、それが男の子だと「アナンド」になるなど、自分が知らなかったことをたくさん知る機会につながりました。

知らないのは、人生の楽しみを棒に振るようなもの。

人間は大人になると、自己成長を意識しない限り退化する生き物です。自分の生活の中にないもの、知らないことに興味を持つことは、自己成長につながります。

もし、新聞の経済欄や世界のニュースの欄はいつも読まないとしたら、そこには新しい単語や出来事が必ずあるはずです。

一日ひとつ、知らないことをピックアップして、調べてみましょう。自分の奥行きが増し、ハッピーな気持ちになれますよ。

自分の人生にキーワードを持つ

「豊かな人生のキーワード」として、アメリカ人が好きな言葉があります。
Live well, Laugh often, Love much.（健やかに生き、よく笑い、たくさん愛そう）

豊かな人生とは、決して物質的な豊かさではなく、心の豊かさのことです。多くの人が、豊かな人生を、経済的に恵まれていることや物質的なことから得られるものだと勘違いしています。

本当に大切なものは、目では見えないものなのです。それは、幸せや愛情が目に見えないのと同じことです。

どんなときも、あなたの人生を豊かにするのは、あなたの気持ちです。いつ何どき何が起こるか分からない人生だからこそ、心豊かに日々過ごしたいものです。

そのためにも、日々を大切に、その瞬間を大切に、毎日の小さなこと、小さな思いやりを大切に生きていきたいですよね。明日が来るかどうかは、誰にも分かりません。だからこそ、今日を、今を大切に、心豊かに生きることが幸せにつながります。

夢に向けて今がんばっていることは、将来に必ずつながります。無駄なことなんて、人生の中にはひとつもありません。**失敗は学びを与えてくれ、迷いは決断力を磨いてくれます。**疲れたときは、ちょっぴり自分を癒やして鏡の前でニッコリ微笑んでみましょう。それだけで、元気が湧いてきますよ。

運命的なものを感じた言葉の力

先ほど紹介した「Live well, Laugh often, Love much.」は、私がニューヨークで出合った言葉です。この言葉は、私の大切な言葉としていつも心に置いています。

「Erica in Style」の日本展開スタートは、2012年の髙島屋さんでした。同年11月、日本橋のお店にご挨拶にうかがった際、大きなクリスマスツリーの下に展示されたホリデーキーワードに、「Live Laugh Love」の言葉がありました。

あまりの偶然、いえ、何か運命的なものを感じ、涙がこみ上げてきたことを今でも思い出します。日本を離れ、異国の地で逆境を乗り越え、自分を信じて歩み続けている私の人生は豊かなものなんだよ、そういうメッセージに思えたのです。
そして、これからも心豊かに、優しさや思いやりを大切に、感謝の気持ちを失わずに、明るく元気に笑顔を大切に生きていこうと、心に誓いました。

日常生活の中で、自分に気づきを与えてくれることとの出合いは多々あります。しかし、心を閉ざしていたり、顔を上に向けていないと、そのメッセージに気づくことができません。
心が沈んだときこそ顔を上げ、心をオープンにすることが、自分を元気づけ、引っ張り上げてくれるメッセージをつかむ方法なのです。

顔を上げて心をオープンにしていれば、必ず気づきはやってくる。

苦手なことにフタをしない

苦手なことって、誰にでもありますよね。子供のころからの苦手を引きずっていたり、大人になってから浮上した苦手なことだったり。たとえば、人前で話すのが苦手とか、知らない人の輪に入るのが苦手とか、お料理が苦手とか、大なり小なり苦手は誰にでもあるものです。

実は、私は英語が大の苦手でした。英語に興味がなかったのです。興味がないので一生懸命に取り組まない、よって、テストはいつも見事に赤点でした。

赤点を取り、奮起してがんばるのかといえばそうではなく、早く大人になって英語の勉強をしなくてもいい環境に身を置きたいと、そんなことばかり思っている時期がありました。

20歳の思い出にと旅行でヨーロッパを訪れたとき、同じツアーの日本人が、現地の人々と楽しそうに英語で交流する姿を見て衝撃を受けました。そのとき初めて、英語は「世界共通語」であり、英語ができるとこんなに世界が広がるものかと、ハッと気づいたのです。

苦手の取り扱いには2種類あります。ひとつは何もせず苦手のまま放置する、もうひとつは、フタをして目の届かないところに追いやる、です。私の場合、英語にはしっかりフタをして、二度と目にすることがないようにと、なかば葬《ほうむ》り去りました。

しかしこのヨーロッパ旅行がきっかけで、もう一度フタを開けることになりました。そして、**苦手なことにフタをするということは、自分の可能性を狭めてしまうこと**だと学んだのです。

この単純な出来事が、苦手な英語を好きになるきっかけとなりました。友人から大学受験英語の参考書をゆずり受けて一から勉強し直したり、ＤＶＤは英語で観るようにしたり、英会話スクールと、週末には通訳養成スクールにも通い、そこで出会った人々から世界観を広げたりして、英語に毎日触れるライフスタイルが世界へ目を向けるきっかけとなりました。それが、ニューヨークへとつながったのです。

それ以来、私は苦手なことにはフタをしないようにしています。**苦手なりにも受け入れる思考に変わると、自分の世界が広がります。**

今日の苦手が明日の好きになることも

ニューヨークの人々はヘルシー志向で、お寿司が大好きな人がたくさんいます。今や〝Sushi〟は世界共通語で、街のデリには美味しそうなお寿司が並び、日本人よりもニューヨーカーのほうがお寿司を食べる回数が多いと言えるほど、お寿司とニューヨーカーは深く結びついています。

友人のナンシーもお寿司が大好きなニューヨーカーです。そんな彼女がひとつだけ苦手とするネタが「うなぎ」でした。うなぎがヘビに見えて食べられないという理由なのです。生まれも育ちも関西で、うなぎの寿司ほど美味しいものはないと思っている私は、ナンシーに「一度だまされたと思って挑戦してほしい、世界が広がるから」と言い続けていました。

そんなある日、ナンシーは同僚が買ってきたうな丼を、あのお寿司のうなぎとは気づかず食し、「うなぎがこんなに美味しいとは知らなかった」と上機嫌で報告してきました。

人生の中に「美味しい」と思えるもの、「好き」と言えるものがひとつ増えるのは、素敵なことですよね。ナンシーの場合、小さなアクシデントが、日本食の世界を広げるきっかけとなりました。今では私が日本に行くたびに、「うなぎのお茶漬け」を買ってきてほしいと頼まれます。

世界を広げるきっかけを自分で狭めない。

苦手だからとフタをしない。これは、「今日の苦手は明日の好きになり得るかもしれないから、その可能性に自らフタをしないでおきましょう」ということです。

今の私は英語が大好きです。大の苦手が好きになりました。

第4章

ニューヨークの女性は
「心に潤いを取り戻す時間」を持っている

毎日10分でも一人の時間を持つ

あなたは、一人でいることを寂しいとか、つまらないと感じますか？「一人でかわいそうな人」と思われやしないかと、周囲の視線が気になりますか？

もし、孤独感を埋めるためにいつも誰かと一緒にいるとしたら、もし、他人からの「かわいそうな人」という審判が気になり、楽しくもないのに誰かと連れ立っているとしたら、**それはあなたの貴重な時間を捨てているようなものです。**

実は私もニューヨークに来るまでは、一人時間の大切さに気づいていませんでした。時間があればいつも誰かと一緒に過ごし、それは楽しくもあり、ときには苦痛でした。今思えば、貴重な時間を無駄にしてしまったと思います。

たとえ一日10分だけでも、一人の時間を大切にしてみてください。

人は一日のうちの大半を誰かと交流しながら過ごしています。ですから、10分でもその場から離れる時間が必要です。それは、**自分に帰る時間、素の自分になる時間、自分の心と対話する時間です**。そんな時間を大切にすることは、自分を大切にしていることと同じなのです。

一人時間は自立への第一歩

ニューヨークの春は、足音も立てずに突然やってきます。

通りに面したカフェやレストランは一斉に壁を全開にして、お洒落なオープンテラスへと様変わりし、白いテーブルクロスにかわいい一輪の花が飾られたテーブルが、道行く人に長い冬の終わりを知らせてくれます。

公園や街の歩行者天国には、たくさんのカフェテーブルと椅子が用意され、近くのお店で買ってきたコーヒーやサンドウィッチとともに読書を楽しむ人々でにぎわい始めます。

そんな春の訪れを感じた土曜日の午後、読みかけの本を一冊持って、ご近所のカフェへ行きました。いつものコーヒーと濃厚でクリーミーなニューヨークチーズケーキをオーダーし、お気に入りの味を堪能しながら本を読むひとときは、私が大切にしている「一人時間」です。

カフェを見回すと、一人で来ている人がほとんどで、本や新聞を読んだり、書き物をしたり、各々が一人時間を満喫しています。

一人時間は、家でも味わえます。たとえば、美味しい紅茶をいれて、メールや携帯電話から離れ、大好きな画集を開いたり、心地いい音楽をかけたりして、自分を労《いた》わってあげましょう。

ご家族のある方ならば、「ちょっと隣の部屋にいるから」と、一人で部屋にこもることもできますよね。お庭でラジオ体操をしてもいいですし、公園のベンチに座って本を読むのもいいものです。

そんな時間を楽しめるようになるのが、自立への第一歩です。**一人時間を持つようになると、何でも一人でできる人に変わっていきます。**結婚していても、独身でも、自立心をしっかり持つことは、将来人生の荒波が襲ってきたとき、それに巻き込まれず自らの足で突き進む強さにつながります。

「ニューヨークの人は強い」と言われます。テロや自然災害で壊滅的な被害を受けても強くたくましく、明るく元気に、優しさや思いやりを大切にしながら、いつも美しさと何事も楽しみ尽くす遊び心を忘れない。それは、自立心の強い人たちだからなのです。

誰に頼らずとも何でも一人でできる強さ。これは、人生を生き抜くひとつの術でもあります。一日10分でも一人の時間を大切にすることが、こんなにも力強い自分を作るなんて、頼もしいですよね。

美しい女はこうでなくっちゃ。我も続くで参りましょう！

何でも一人でできる強さは、人生の荒波をも乗り越えていける。

ときめく目玉で毎日を盛り上げる

「毎日毎日同じことの繰り返し。こんな平凡で退屈な人生なんてイヤ」なんてボヤいたり、長い休みのあとに気合いが入らず、どうやって自分に活を入れればいいのかと途方に暮れて、さらにパワーダウン……なんてことは、ありませんか？

毎日を平凡で退屈なものにしているのは、実は自分自身です。ときに、だんな様のせいだ、この仕事のせいだと原因をすり替えがちですが、誰の責任でもないのです。**気分を上げる、毎日を盛り上げることができるのは、唯一自分だけ、自分の心の持ち方次第です。**

そこでおすすめなのが、毎日何かひとつ目玉を作ること。単調な日々の中で、自分の心がキラッと輝く目玉、何かを楽しむ時間を作ります。

たとえば、この夏どこか南の島にバケーションに行きたいと考えているなら、次のように楽しみのエッセンスを入れていきます。

1日目、本屋さんで行きたい方面のガイドブックを買ってくる
2日目、ガイドブックを見ながら、行きたい地域をおおまかに絞る
3日目、旅行会社に立ち寄り、行きたい地域のパンフレットを片っ端から集める
4日目、パンフレットをチェックし、行きたいリゾートを見つける
5日目、そのリゾートの周辺でどんなことが楽しめるのか、さらに情報を収集する
6日目、ブログなどで、そのリゾートに立ち寄った人の旅行記を読む
7日目、予算を立てる
8日目、どんなファッションがいいか妄想する
9日目、自分の持っている服をチェックする

ここでは9日間に凝縮して書いてみましたが、実際は1ヶ月以上かけて楽しんでもかまいません。調べているうちに、行きたい場所が変わってくるかもしれません。

調べたことは、お気に入りのノートにまとめておきましょう。パンフレットの写真

を切り取って貼ってみたり、イラストを描いてみたり。「ドリームバケーション」と名づけたノート作りも楽しいものです。

他にも、カフェめぐりが好きならば、毎週水曜日は「新しいカフェを開拓する日」と決め、決行のための情報収集や準備を行ったり、カフェで撮った写真や食べた料理などをノートに書き込んでもいいですね。過去に行ったカフェの記録を読み返す時間も、気分を上げ、毎日を盛り上げる瞬間となるでしょう。

慌ただしい日常の中のたとえ30分でも、こんなふうに気分が上がる自分の楽しみを生活に取り入れると、毎日が楽しくなってきます。一気にできることであっても、少しずつ区切ることで、妄想がふくらみを増します。

日常にないものをちょっとだけプラスする

気分を上げる、毎日を盛り上げる方法は、他にもたくさんあります。好きなファッション雑誌を眺める、大好きな音楽を聴きながら、歩いたことのない道を歩いてみる、行ったことのないお店に足を運んでみる……大切なのは、平凡で退屈だと感じる今の日常にないものを、少しだけプラスしてみることです。

毎晩寝る前に「明日はこれをしよ〜っと」と、楽しみをひとつ見つけておいてから寝ると、朝から気分がいいものです。

ニューヨークの人たちは、バケーションが終わった瞬間に、次のバケーションのことを考え始めます。

「今度のバケーション、どこに行くの？」が合言葉。そう聞かれたとき、「そんな先のこと、ギリギリまで分からない。第一、休めるかどうかさえ分からない」と考えるのではなく、実現するかしないかは横に置いておき、「今度は、モルディブに行こうと思って！」と、楽しいことを考えて気分を上げるに限ります。

結局、毎日を盛り上げることが、やる気アップ、モチベーションアップにもつながるのですよね。

楽しみは少しずつ区切って、毎日の中に取り入れる。

いつもよりドレスアップして、非日常を楽しむ

「じゃあ後でね」とアンジーからの電話を切った私は、「きゃ〜」とガッツポーズをしながら飛び上がり、大急ぎで出かける準備に取りかかりました。半年は予約が取れないことで有名なレストランを予約していた彼女の友人が、急用で行けなくなったので、その席を譲ってくれることになったのです。

オープン当初から話題のそのレストランは、フラットアイアン地区にあるブティックホテル内にあります。重厚なヨーロピアンテイストのインテリアが基調で、鮮やかなピンクレッドのベルベット製の椅子、美しいロココ調のライト、奥には歴史を感じさせる暖炉があり、ニューヨークでも群を抜くお洒落な空間です。

素敵な場所に出かけるとなると、ドレスアップしたくなるのが女心。日頃なかなか袖を通す機会のない華やかなドレスを前に、気分を高めながらお化粧をし、髪をセッ

トして、特別なランジェリーを身につける。その過程すべてが、華やいだ気持ちにさせてくれる非日常の扉を開ける準備のようなものです。

非日常を楽しむとは、毎日とは違うちょっと特別なことや、ワンランク上の出来事を楽しむことです。そんな時間や空間を楽しむために欠かせないのが、ドレスアップなのです。

シーンごとに装いを変えて女を磨く

日本では、ドレスアップはフォーマルな装い、結婚式やパーティーの装いという印象がありますが、いつもの装い（dress）を少しアップ（up）させるような感覚でとらえてみると、もっと身近に楽しむことができるものです。

ニューヨークの女性たちは、シーンごとにお洒落を楽しむことを大切にしています。たとえば、昼には昼にふさわしい装いがあり、夜には夜にふさわしい装いがあります。**ＴＰＯ（時・場所・目的）をしっかり意識し、そのシーンごとに装いを変え、ドレスアップする時間を楽しみ、そのシーンをも楽しむわけです。**

ニューヨークに住み始めて間もないころ、仕事関係の人がギャラリーのオープニングパーティーに招いてくれました。仕事帰りにちょっと立ち寄るだけだからと、そのままの服装で出かけたのですが、そこで目にしたのは、昼間会ったばかりの人たちが、夜の雰囲気に装いを変化させている姿でした。昼間の仕事用ジャケットにパソコン入りの大きなカバンを提げていたのは私だけだったのです。

そのとき、ニューヨークの女性たちが大切にする、ドレスアップの心得を知りました。職場から直行するのであれば、昼間のジャケットを脱ぎ、トップスは夜のシーンにふさわしい華やかなものに着替え、アクセサリーできらびやかさを添える。荷物がたくさん入ったバッグは受付に預け、小さなクラッチを持つ。歩きやすさ重視のデイリーシューズは脱ぎ、セクシーで女らしい存在感のあるヒールに履き替える。上げた髪を下ろし、いつもより赤い口紅を塗る。

このように、ほんの少しドレスアップを意識することで、特別感がただよい、非日常を満喫することができるのです。日中は、男女関係ない世界でバリバリ働く女性でも、夜はこんなふうにドレスアップし、女を楽しむ。何とも素敵ですよね。

ドレスアップは女磨きにもつながります。日頃お洒落から縁遠い生活だったとしても、**「ドレスアップして非日常を楽しむ」プランが、女であることを呼び起こしてくれます。**

さらに、ドレスアップをしていると、どこに出かけても丁重な扱いを受け、女心が満たされます。女であることを意識できるだけでなく、男性から丁重な扱いを受け、幸せな気分に浸れるなんて、ときどき自分の生活に取り入れるに限りますよね。

ドレスアップは身も心も引き締める

さて、その晩、レストランのバーに集合したドレスアップの女5人組。「きゃ〜、素敵〜！　くるっと回ってみせて〜」と、誰もがお互いを褒め、「Look at you! Look at you!」（わぁ〜素敵、素敵!!）と大はしゃぎでした。今から始まるディナーを心から楽しもうという気持ちに、誰もが包まれていました。

ドレスアップには、幸せな気持ちにさせてくれたり、嫌なことを吹き飛ばしてくれたり、自信を持たせてくれたりと、さまざまな効用があるのです。

そこで、私のおすすめは、**お天気の悪い日、気分の沈んだ日は、特別な場所に行く予定がなくても、あえてドレスアップしてみること**。朝からシャワーを浴びて、髪をセット、メイクアップをして、明るめのワンピースを選びましょう。元気な気持ちになれますよ。

暑い夏の日は、涼しさや快適第一で緩みきった装いをしがちですが、それが締まりのない気持ちや体形の原因になったりします。ヨレッとした洋服は脱いで、黒のワンピースでドレスアップしてみましょう。黒は汗染みが目立たず、視覚効果でボディーが締まって見えます。靴をエナメル素材やヌードカラーにすると清涼感が出ます。

ドレスアップで、身も心も引き締め、女を上げて参りましょう。

気分が沈んだ日こそ、とびきりのお洒落を。

疲れたとき元気にしてくれる「おまじない」と「呪文」を持つ

新しい環境に身を置いたばかりで不安なとき、難題に取り組んで心に余裕がないとき、些細なことに落ち込み、いつまでも本来の自分に戻れず元気が出ないとき……そんなときって誰にでもありますよね。また、ホルモンのバランスが崩れているのか、いつまでも疲れが残っていたり、ネガティブな出来事を延々引きずってしまったりすることもあります。

長い人生、心が青空のようにスーッと爽やかに晴れわたっている日もあれば、どんよりと、雨が降りそうな厚い雲に覆われている日もあるものです。

私がニューヨークに住み始めたころ、ビルとビルがピタッとくっついた街の構造に、まるで城壁に囲まれた世界に身を置いているような重圧感を抱き、心に重りを載せているような疲れを感じていた時期がありました。

ある晩、テレビでたまたまハリウッドスターのお宅訪問番組を見ていたときのことです。大スターの素敵な住まいの紹介の中で、ラグジュアリーなバスルームが登場しました。そこには、大小さまざまなサイズのキャンドル、吸盤付きのバスタブ専用枕、くるくる丸めてコーナーに置かれているバスタオルなどが並べられていました。

中でも目が釘付けになったのは、大きなガラス容器に入った、貝殻のスプーン付きオレンジ色のバスソルト。そのころ、日本ではまだバスソルトが一般的ではなく、ほとんどの人が知らない時代でした。

バスソルトってどんな感じだろうと、翌日、全身抜かりなくケアをしている友人のオリビアに聞いてみると、欧米では多くの人が使っていて、疲労回復やリラックス効果など、用途に応じて種類が分かれていることなどを詳しく教えてくれました。

そこで早速、リラックス効果の高いラベンダーの香りのバスソルトを買って帰り、その晩試してみたのです。ライトを消し、キャンドルの明かりだけでゆったりとバスソルトを入れた湯船につかってみたら、本当にリラックス。心の重りがす〜っと軽くなって、何とも言いようのない幸せな気持ちに包まれました。

それから毎晩のようにバスソルトでリラックスするようになると、気づかぬうちにニューヨークの街で感じていた重圧感から解放されていました。疲労を感じる日も、ネガティブなことで心が重く沈んだ日も、この「バスソルトのおまじない」で、すぐに元気を取り戻せるようになったのです。

バスソルトの本来の効用よりも、バスソルトの入った湯船とキャンドルがあればリラックスできるという、「おまじない」が効いていたのかもしれません。

「リセット」と「リラックス」の呪文

物事は何でも気の持ち方次第です。この薬を飲めば元気になると思えば、その薬は効き、このアイスクリームを食べれば太ると思えば、本当に太ってしまうものです。

自分の中で、「これは効く」というおまじないをひとつでも持っていると、疲れた自分を瞬時に元気づけることができますよね。

ただし、ここでひとつ気をつけなければならないことがあります。それは、**リラッ**

クスしようとしたときに、ふわ〜っと浮かび上がってくる忘れたいことや思い出したくないことを無理に追いやろうとしないことです。

忘れたいことを、忘れよう、記憶から抹消しよう、心の中になんとか封じ込めようと頭の中で赤信号を送っても、五感に響かないものは効き目が薄いので、忘れることができません。これを考え出したら、リラックス効果は半減します。

ではどうするか？

そんなときは、言葉にして発するのが効果的です。「呪文」のように、言葉で発してみるのです。

キャンドルライトの薄明かりの中、バスソルトの入った湯船につかりながら、「呪文」を唱える。なんだか、魔術のようで笑えてきたりもしますが、その出来事をなかったことにしたい、ゼロに戻したいときは、「**リセット、リセット**」と唱えます。

楽しみにしていたお出かけをドタキャンされた、理解したいけど心の中のモヤモヤが消えそうにない、根に持たずスッと忘れて何事もなかったことにしたい、「気にしてないよ」と言える自分になりたい……そんなときは、「リセット、リセット」と声に出して言いましょう。

そして、心の荒波を抑えたいとき、怒りを鎮めたいときは**「リラ～ックス、リラ～ックス」**と唱えましょう。ニューヨークでは、怒って我を失っている人に「リラ～ックス、リラ～ックス（Relax, relax.）」と言ってなだめることがあります。「落ち着いて、落ち着いて」という意味ですが、言葉が耳から脳に伝わることで、心を落ち着かせることができるのです。

このふたつが、即効で元気を取り戻す「呪文」です。おまじないと呪文をぜひ、試してみてくださいね。

いつも元気でいることが、あなたを美しく輝かせる。

グチを言い合う友より、一緒に祝える友

ランチミーティングに出かけようとしたときのこと。友人のクリスティーナから「久しぶり！」とうれしそうな声で電話がかかってきました。日頃、お互いに慌ただしく連絡が滞りがちながらも、疎遠にならず仲良しでいられるのは、私も彼女もニューヨークの起業家で、夢の実現に向けてまっしぐらな状況を理解し合っているから。

彼女との出会いは、あるビジネスエキスポで偶然同じセミナーを受け、名刺交換したのがきっかけです。

二人の共通の話題といえばビジネス。何時間話していても止まることなく、お互いの構想や夢を語り合い、士気を高め合えるいい友人関係です。

そして、もうひとつの共通の話題は「恋愛」。女が集まれば恋の話に花が咲く。これは世界共通です。

クリスティーナには、付き合って3年のボーイフレンドがいました。将来を視野に入れた真剣交際なのですが、彼がまだ、「愛しているよ」と言ってくれないというのが、彼女の最大の悩みでした。

欧米人にとって「愛（LOVE）」という言葉は、非常に意味深く重みのあるもので、そう簡単に「愛しているよ（I love you.）」は言いません。

その日のクリスティーナのうれしそうな声は、何かいいことがあったに違いない響きでした。

「クリスティーナ、久しぶり！　何かいいことあった？」

「あれ？　分かる？」

と、さらにうれしそうな声が返ってきました。

「実はね、彼がついに3つの言葉を言ったの！　(Finally, he said the three little words.)」

3つの言葉（Three little words）とは、「I love you.」のことです。「愛しているって言われちゃった」ということですが、I love you. を使わず、ちょっと小粋な表現を引用したことからも、彼女の喜びが伝わってきました。

「わぁ～おめでとう！　よかったね！　乾杯しよう！」

私も突然の吉報に大喜びし、その晩クリスティーナと私は、ソーホーのかわいいフレンチビストロで待ち合わせをし、シャンパンで乾杯しました。

一緒に喜び、涙してくれる人こそ本当の友

うれしいことを素直に報告できる友がいる。たとえば、

「仕事が成功したの」

「子供が志望校に受かった」

「彼からプロポーズされた」

「母の手術が成功した」

「おうちを買った」

こんなうれしいことを素直に報告でき、「おめでとう！　よかったね。乾杯しよう！」と、お祝いに誘ってくれる友がいる。これって、幸せがダブルになることです

よね。

ニューヨークに住み始めてまもないころ、話題のひとつとしてうれしい出来事を友人のジェシカに話したとき、「I am so happy for you!」と言って、乾杯に誘ってくれたことがあります。まるで自分のことのように喜んでくれ、うれしさや幸せが2倍になったように感じられました。

この「I am so happy for you!」は「よかったね」「おめでとう」「私もすごくうれしい」という意味で、自分のことのようにうれしいと、相手を祝福する言葉です。

ジェシカにお祝いしてもらって以来、私も友人がうれしい報告をしてきたときには、自分のことのように喜び、乾杯に誘います。

相手を祝福すると、自分も相手の幸せエネルギーをおすそ分けしてもらえて、お互いがいい気に包まれます。

謙虚な日本人は、うれしいことや成功したことを相手に伝えて自慢にとられたり妬《ねた》まれたりしないようにと、誰とも共有せず内に秘める方も多いかもしれません。しかし、本当の友ならば、一緒に喜び、到達できたことに涙してくれるはず。そうでなければ「友」とは言えません。

嘆きや悲しみ、グチを聞いてくれる友よりも、うれしいことを分かち合い、一緒に祝ってくれる友を持ち、自分も友の祝福を喜べる存在になりましょう。

お友だちのうれしい話には、心から喜んで「お祝いしよう！　乾杯しよう！」とすぐに誘ってあげましょう。たとえ、今すぐには忙しくて実現できなくても、あなたのそのひと言は、その人の心の中にいつまでも強く残り続けます。

友達のハッピーニュースには「お祝いしよう！」とすぐ誘ってあげること。

ニューヨークでは、「何かいいことあった？」「何かニュースはある？」という言葉をよく耳にします。いいことがあったら一緒にお祝いしよう、という姿勢がまず前面に出ているのですね。

うれしいことを共有できる友がいる――これは、かけがえのない宝物です。

オンとオフの境界線を明確に引く

ウエストサイド59丁目のコロンバスサークルにあるコロンブス像の周りには、かわいい噴水とベンチがあり、いつもたくさんの人々でにぎわっています。

あるお天気のいい日曜日の午後、スターバックスで買ったコーヒーとサンドウィッチを抱えて、日差しでぽかぽかと温まった木のベンチに腰を下ろし、周りの人々をぼんやり眺めながら、前日に友人のロバートに言われたひと言を思い出していました。

「人生にオフなんてない。自分で意識して作らない限り、オフはないんだよ」

ロバートは投資銀行のパートナー（共同経営者）です。若かりしころは技術特許取得や紛争の厳しい道を歩いた起業家でもあり、先生のような存在の友人です。

前日、数ヶ月ぶりにランチをともにしたとき、超多忙なロバートに、疲労感が漂っていることを指摘されました。確かに、アメリカと日本、2国間で仕事をこなす私は、時差の関係もあり、昼と夜の線引きがうまくできない状態でした。

仕事一筋とはいえ、好きなことをやっているのだから苦にならないと話したら、突然厳しい口調で言われたのです。

「エリカ、よく聞きなさい。オンばかりでは、自分が何をしているのかだんだん分からなくなってくる。そして、そんなときにミスは起きるものなんだ。自分で意識してオフを作らないと、人生にオフなんてないんだよ」

実際、周囲の人たちを見てみると、多忙な人ほど週末旅行をしたり、ショートバケーションを取ったりしています。いったいどこにそんな時間があるのだろうと、不思議に感じていたのですが、このロバートの言葉でハッと気づいたのです。皆、意識してオフを作っていたということに。

「忙」という漢字は、心を失うと書きますよね。オンばかりが続くと、自分では気づかないうちに心を失い、自分自身まで失いかねません。意味もなくイライラしてしまって誰かに冷たく当たってしまったり、日頃はしないようなミスを犯してしまったりしがちです。

あなたも、お塩とお砂糖を入れ間違えたり、忘れ物をしたり、電車を降りそびれたりして、「あれ、今日の私はどうしちゃったんだろう？」というような経験はありませんか？

実は、ロバートとランチを一緒にした数日前、サバの味噌煮を作ろうと思い立ち、日系スーパーマーケットでサバやその他日本食材を買って帰りました。サバと一緒に、焼き豆腐、糸こんにゃく、シイタケを煮込み、ほうれん草を添え、白ネギを散らして完成！

久しぶりの日本食に感謝しながら一口食べて、あまりのしょっぱさに飛び上がりました。生サバを買ったつもりが、間違えて塩サバを買っていたのです。オン続きの日々が、注意力まで散漫にさせていたのです。

小さなオフ時間が気分を切り替える

これらの出来事は、ひとつのサインです。オンばかりが続いているあなたに、スイッチを切り替えてオフにしましょう、という合図なのです。

オフの時間は、言うなれば自分を取り戻す時間。気分転換であり、気持ちをリフレッシュする時間です。自分が自分らしくいられるために必要な時間です。

オフの時間はいつとってもかまいませんが、たとえば、ベッドに入る前の15分はオンからオフにパチッとスイッチを切り替えるなど、決めておくのもいいですね。そして、いつも手元にある携帯やパソコンから離れ、

「日記を書く」
「今日気になった記事をノートに貼り付ける」
「大好きな本を読む」
「ハンドケアとフットケアをする」
「歌う、踊る」

など、自分がリフレッシュできることをやってみましょう。

また、休みもなく働きづめの方であれば、そのプロジェクトの成功のためにスパッと2日間休みをとり、1泊2日で温泉にでも出かけてみるのもおすすめです。美味しいものを食べ、温泉にゆったりつかり、マッサージをしてもらい、身も心も元気にな

って戻ってくれば、2日間のオフがなかったかのようなスピードとクリアな思考で、プロジェクトを進展させることができるものです。

大切なのは、オンとオフ、どっちつかずな状態ではなく、**室内を真っ暗にするように、スイッチをバチッと切り替える**ことです。自分で意識してスイッチを切り替えない限り、誰も切り替えてくれません。人生にオフの時間は、自分で作らない限り用意されていないのです。

オフは自分を取り戻すために必要な時間。

2014年、アメリカのオバマ大統領が奥様に贈った誕生日プレゼントは「大人の休日」でした。家族で滞在したハワイ休暇の最後に、一人で過ごす時間をミシェル夫人にプレゼントし、自分と娘たちだけ先にワシントンに戻ったのです。オフの時間のプレゼント、なんとも素敵ですよね。

無心になれる趣味で世界を広げる

ニューヨークのオフィス街では、ランチタイムになると、ランチを求めて歩く人たちの合間を颯爽と駆け抜けるカッコいい男たちが登場します。彼らは、ランチタイムをランニングにあてている人たちです。白いTシャツに黒のショートパンツ、上腕部にはめたベルトには iPhone がセットされ、音楽を聴きながら人ごみを上手にすり抜け、すごいスピードで走っていきます。

出発はオフィス近くのスポーツジム。いつものコースを約1時間走り、ジムに戻って水分補給、エナジーバーをかじりながらシャワーを浴び、再びビシッと身だしなみを整え、オフィスに戻ります。アフターシャワーの爽やかなコロンの香りが妙にセクシーで、クラクラッとするカッコよさです。

ニューヨークに暮らす人々の健康に対する意識の高さは有名ですが、いったいどれほどの人が「趣味」と呼べるものを持っているのだろうと、周囲の人々を観察してみました。すると、ほとんどの人が何かしらの趣味を持っていて、それを生活の中心に置き、大切にしていることに気づきました。

しかも、余った時間にする趣味ではなく、ひとつの独立したスケジュールとして、日々の暮らしや、1週間の予定に組み込んでいるのがポイントです。

慌ただしい日常だからこそ、背負っているものをちょっと下ろし、自分を解放する時間を持つことは大切です。趣味に没頭しているときの自分は、素の自分です。何の人間的なしがらみもなく、「それが好き、それを学びたい、それを続けたい」という思いで無心になれる。そして、同じ思いを抱く人々と共有する時間は貴いものです。

趣味の一環としてお稽古事を始めるときは、誰かと一緒に始めるのではなく、自分一人でスタートするのが一番です。最初は「一人で寂しくはないか」と心配になるかもしれませんが、扉を開けた向こうには、同じことを「好き」と思う共感できる人たちがたくさん集まっています。

また、大人になってからの友人は作りにくいものですが、趣味の世界だけは別です。年齢・性別・タイプという垣根を越え、同じことを無心で楽しめる、バラエティー豊かな友人たちが、あなたの世界を広げてくれるでしょう。

趣味は他人目線で選ばない

私もニューヨークで一生続けられる趣味を探しました。心身ともに鍛えられるもので、好きと思えるもの。一体それは何だろうと考えていたある日、剣道の竹刀を提げた外国人が目の前を通ったのです。唐草《からくさ》模様の竹刀カバーが視界に入った瞬間、「そうだ、武道だ」とハッとしました。「日本人なんだし、日本の武道を習ってみよう。それは自分のルーツを大切にすることにもつながる」。

そして、ニューヨークではどのような武道があるのかを調べ、何歳になっても継続でき、一人でも稽古ができる「空手」にたどり着きました。

ファッションの仕事とは全く違う世界だからこそ、そこには奥深い魅力があり、今まで自分の世界には存在しなかった、魅力あふれる人々と出会うこともできました。

自己鍛錬や継続力という一生かけて取り組むテーマにも出合い、今では私のライフスタイルの一部となっています。

時間ができたら何か始めよう――この考えでは、その「時間」はやってきません。今すぐ、無心になれるほど好きなことを探してみましょう。いきなり「これ！」というものに出会えなくても、時間をかけていろいろ試しているうちに、「一生続けられる、一生続けていきたい」と思えるものが必ず見つかります。

大切なのは、あなた自身それが好きで、楽しめて、無心になれて、素になれて、一生続けたいなと思えるかどうかです。人に自分の趣味を語ったとき、「カッコいい」と思われる必要はありません。他人目線で趣味を選ばないように気をつけましょう。

無心になれる趣味は、ビタミンCのようなもの。いつまでもあなたをキラキラ元気に輝かせてくれます。

一生続けられる趣味は、自分の世界を無限に広げる。

自然の中で太陽の光を浴びる

ニューヨークの夏の楽しみは、公園でのピクニック。自然の恵みを感じる時間を持つことです。大都会のマンハッタンには、セントラルパークをはじめ、たくさんの公園があり、夏はどの公園もニューヨーカーでにぎわっています。

大きなトートバッグに、ビーチタオル、お気に入りの本、サンドウィッチと水を詰め、公園の芝生広場へ出かける週末。ファミリーやグループで来ている人もいれば、一人時間を楽しんでいる人もたくさんいます。

芝生の上にビーチタオルを広げて大地にゴロンと横になりながら、目の前にどこまでも広がる青い空を眺め、目を閉じて太陽の恵みを肌で感じ、風や虫の鳴き声に耳を澄まし、青々と茂った木々の香りを感じる時間。

24時間眠らない大都会で猛烈に働く人々が大切にしているのは、こんなふうに自然と調和する時間です。

大自然の中で、どこまでも広がる空を眺めていると、自分がいかにちっぽけな人間で、ちっぽけなことに惑わされているのか、ときにハッと気づくものです。無限に広がる世界を感じる瞬間とでもいうのでしょうか。

人は知らず知らずのうちに、目先のことだけにとらわれ、視野が狭くなってしまうものです。もっと広い視野で、全体をとらえることができれば、何事にも大きな心で対応できる人に変わっていけます。

そんな大切な気づきを与えてくれるのが、自然の恵みそのものなのです。

太陽の光で活力を得る

朝目が覚めたら、カーテンを開けて燦々《さんさん》と輝く太陽の光を浴びましょう。太陽の光を感じた瞬間、気持ちがパッと明るく元気になるのを感じた経験を持つ人も多いと思いますが、それはすでに「自然の恵み」を感じられたということです。

カーテンを開け、快晴の空を眺めただけで、今日は何だかいいことが起きそうな予感に包まれ、元気に身支度を整えられる。幸せな一日のスタートですよね。

日本では美白志向が真っ盛りで、太陽光線を避けて黒ずくめで生活される方も多いようですが、**日差しを浴びなさすぎでは骨は弱ってしまいます。**美しい白い肌が輝くのは、健康がベースにあってこそ。

心身ともに美しく生きるためにも、自然の恵みを完全にシャットアウトするのではなく、たとえ30分でも木陰《こかげ》に座り、緑の香りや風の音に耳を澄まして、自然の恵みを肌で感じましょう。ビタミンDが生成され、あなたに美しい活力を与えてくれます。

そして、それは外見の美のみならず。内側から湧き上がるすがすがしい気持ちや、はつらつとした元気な気持ちがあなたをポジティブに輝かせ、人間的魅力のある凛とした美しい人の印象にもつながります。

自然と調和することで、精神も肉体もタフになる。

ニューヨークの人は、タフだとよく言われます。どんなに過酷な状況でも粘り強く夢を追い続け、絶望の淵《ふち》にあっても笑顔や目の輝きを失わない。そんなふうにいつも元気でいられるのは、自然の恵みを感じることを大切にしているからなのでしょう。

昼下がりのバーラウンジで自分を取り戻す

つかの間の一人時間。考えることも、やることも山積みだからこそ、リフレッシュしたい……。そんな気持ちになることってありませんか？

そんなとき、とっておきの場所があります。

それは昼下がりのホテルのバーラウンジ。そこには、ゆったりとした時間が流れています。ホッとひと息つき、お気に入りのカクテルを注文してリラックスしてみましょう。大人の女に似合う午後時間です。

こんな素敵な時間の使い方を教えてくれたのは、友人のサラ。彼女の一人娘は、念願の映画配給会社に就職が決まり、勤務地はサラの前夫が住むロサンジェルスになりました。サラと前夫との間に特にしこりはないものの、娘が前夫になついてニューヨークに戻ってきてくれないのではないかというのが、彼女の最大の悩みでした。

そんなサラは、午後がフリーの日、考えすぎて疲れた心身をリラックスさせるために、お洒落なブティックホテルのバーラウンジで、ゆったり午後時間を過ごしたことを教えてくれました。隣の席の会話が気にならない静かな空間で、自分の心と丁寧に対話することで、混乱した心に落ち着きが戻ったそうです。

サラの出した結論は、「人生サードステージの幕開け。健康に留意して、女磨きをもっと楽しんで、人生を力強く歩まなくっちゃ」という、自分でも驚くほどポジティブなものでした。

大きな窓から差し込むたっぷりの日差しの下、ホテルのインテリアをぼんやり眺めながら、お気に入りのカクテルを味わい、今の状況を整理して考えてみる。昼下がりのホテルのバーラウンジは、自分を取り戻す時間を過ごすために最適です。

「バーラウンジに一人で入るなんて、敷居が高いし、落ち着けない」という方も、一度挑戦してみてください。**これは、自分磨きにもおすすめです。優雅な空間で、贅沢な時間を一人で楽しむことができることは、自立した大人の女の条件です。**

丁寧な言葉づかいと上品な立ち居振る舞い、飲み物をサーブしてくれる人に「ありがとう」と感謝の言葉を添える。そんなひとつひとつの優雅な動作が、今よりもっといい女に磨いてくれるはずです。

注文するカクテルは決めておく

さて、せっかく午後のホテルのバーラウンジで過ごすのですから、お酒が飲める人は、カクテルを一杯くらいたしなみましょう。ただし、カクテルはきついお酒ですので、飲み慣れない方は気をつけてください。

メニューを見て選ぶ楽しさもありますが、大人の女を演出したいなら、自分の好きなカクテルを事前に決めておきましょう。メニューを見ずにサッと注文すると、よりスマートさが引き立ちます。

軽いカクテルなら、ブランチによく出される「ミモザ（シャンパン＋オレンジジュース）」を。

また、ニューヨークを舞台に繰り広げられる大人の女4人組のテレビドラマ「SEX and the CITY」によく登場する、ウォッカベースの「コスモポリタン」もピンク色がかわいい、大人の女に似合うカクテルです。

暑い夏に喉の渇きを癒やしたいときは、キューバ生まれのミントが入った爽やかなラムベースのカクテル「モヒート」も大人の女にピッタリです。

私のお気に入りは「フレンチマティーニ」。ウォッカ、シャンボールリキュール、パイナップルジュースが入った上品な味です。淡いベビーピンク色に、シェイクの泡立ちがまるで綿菓子のよう。目の前に置かれたグラスを眺めるだけで、ふわ〜っとした優しい気持ちになれるカクテルなのです。

午後のバーラウンジには大人の女がよく似合う。

サラから素敵な午後時間の過ごし方を教えてもらった私は、それ以来、女友達との待ち合わせにホテルのバーラウンジを利用する機会が増えました。30分早く到着し、一人でゆったりリフレッシュする時間を持つのがお気に入りです。

ホテルのバーラウンジは男が似合うと思われがちですが、昼下がりに限っては、絵になるのは断然大人の女です。心が潤う特別な時間におすすめの場所です。

第5章

「また会いたい」と思わせる世界共通の方法

「いい後味」を残す

別れた後に、「楽しかった」といういい気分に包まれるとき――なんとも言えない、うれしいひとときですよね。

美味しいお料理をいただいた後の〝後味〟のように、この気持ちはいつまでも心の中に、ふわっと優しく残ります。

では、後味のいい人って、どんな人でしょう?

それは**「また会いたいな」と思わせてくれる人**です。〝一緒にいたい人〟に直結しますが、聞き上手で謙虚な人。楽しい話題をたくさん持っているけれど、決して自分が中心にならず、そこにいる皆が楽しんで参加できるような配慮を忘れない人。

アンドレアと初めて会ったのは、2月のニューヨーク・コレクションのパーティー。美しく着飾ったデザイナーやランウェイを歩いた美しいモデル、ファッション雑誌のエディター、世界中のバイヤーが集った華やかな夜でした。

アンドレアはシャンパンゴールドのカクテルドレスに身を包み、長身に金髪と青い目という美貌がドレスに映え、ひときわ輝いていました。てっきりモデルさんかと思ったら、ランジェリーデザイナーだったのです。私も「Erica in Style」というレース使いが美しく快適にはけるレッグウエアを展開しているので、共通の話題からすぐに意気投合し、会話が弾みました。

アンドレアに「モデルさんかと思っちゃった」と話すと、

「ありがとう。青い目に金髪は生まれながらに偶然備わっていたというだけのことで、特別キレイでも何でもないのよ。エリカのような黒いツヤ髪に澄んだ黒い瞳のほうが、今や世界中の女性たちの憧れよね。ほら、ミスワールドとか美の競演でもダークヘアーが主流でしょ」

と、逆に褒めてくれたのです。

その後、周りの人たちも私たちの会話に加わり大きな輪となったのですが、アンドレアは、始終謙虚な姿勢で、周りの人を尊重した会話を続けていました。その晩、私が感じたように、どの人もきっと彼女の〝いい後味〟を感じたことでしょう。

では、逆の〝悪い後味〟とはどんなものでしょうか。

再会を楽しみにお洒落をして出かけたのに、そのことには何ひとつ触れてくれず、自分の話だけを延々と聞かされたあげく、それが誰かの悪口やウワサ話、自分の出来事報告や自慢話ばかりで、帰り道に「会うんじゃなかった……」とガックリ肩を落とし、言いようのない疲労感に包まれた、なんて経験ありませんか？

こんなとき、「次はもう会わない」と考えたりしますよね。〝後味の悪い人〟は、残念な結果を招いてしまうのです。

後味は誰も指摘してくれない

〝いい印象〟と〝いい後味〟。

一見似ていますが、微妙に違います。印象は瞬間的に「素敵！」と感じることですが、後味はのちのちふわっと「素敵な人だったなぁ〜」と湧き上がってくるものです。**〝いい後味〟は、いい人間関係の構築にもつながっていきます。**

アンドレアは、褒められたことを素直に喜び、相手に花を持たせて会話を終える人です。たとえ、ネガティブな話題や自分の意に反する話題でも、まずは相手の意見を受け入れ肯定します。いきなり否定はしません。

このような会話の流れが〝後味のいい人〟につながることを彼女から学びました。

そして、おもしろいことに、彼女の周りにいる人も皆〝後味のいい人〟ばかりです。別れ際に、「また会いたいな」という気持ちを芽生えさせてくれる人たちなのです。「類は友を呼ぶ」を英語では、「Birds of a feather flock together.」と言い、直訳すると「同じ羽を持った鳥が群がる」という意味です。〝後味のいい人〟には、〝後味のいい人〟が集まるのです。

さて、〝印象〟と〝後味〟について、大切なことがあります。〝印象〟は、印象アップセミナーなどもあるように、容易に補正可能です。一方、**〝後味〟は、誰も指摘してくれません。自らを注意深く観察し、〝後味のいい人〟から学ぶことが大切です。**

私は、後味のいい人と出会った日の夜、どうして「また会いたい」と思うのか、そ

の理由を箇条書きにしています。たとえば、

・何事にも前向きで、ネガティブな発言を聞いたことがない
・笑顔が美しく、元気な気持ちにさせてくれる
・楽しそうな笑い声でつい引き込まれてしまう
・些細なことを見つけて褒めてくれる
・地位や名誉を決してひけらかすことなく、すごく謙虚で優しい
・どんな話も否定せず、最後まで聞いてくれる

後味がいいと思った理由を探して書き出すことで、具体的にどうすればいいのかが見えてきます。そうすれば、自分にも取り入れることができるようになりますね。

いい気持ちをいつまでもふわっと心に残してくれる〝後味のいい人〟――そんな女性になれるよう、私も目下努力中です。

「また会いたい」と思う人と出会ったら、理由を書き出してみる。

ニューヨーク女性の社交術

9月末のニューヨークは、1日の気温差が10度以上。日中は暑く、朝晩はヒンヤリしています。秋の気配を感じると、なんだか真夏が恋しくなります。

あともう少しだけ太陽をたっぷり浴びて残暑を楽しみたいと、お気に入りのサマードレスに身を包み、「今日の自分って、ちょっと素敵」と感じた日には、必ず数人から「I like your dress!」などのお褒めの言葉をいただきます。

欧米人は、人を褒めることが上手です。ある意味、自分の心に素直です。気持ちをポジティブな言葉で表すことに長けた人たち、なのかもしれませんね。

たとえば、大失敗して号泣している友を前にしたとき、あなたならどうするでしょうか？　きっと、気持ちが落ち着くまで慰めるのではないでしょうか。

欧米人は違います。彼らは、結果は大失敗でも、挑戦したことをまず褒めます。

「誇りに思う」「よくがんばった」などなど、褒めちぎります。なぐさめ言葉は登場しません。

褒められているうちに、号泣している友の悲しさは消え、何だかいい成果を出した気になり、涙が止まったり、笑顔が出たりするんですよね。

褒めることは、美薬です。慣れていないと気恥ずかしかったり、なんだか上から目線に聞こえないかと気になったり、私が褒めるなんて失礼ではないか、と気兼ねしたり、いろいろな思いが頭をグルグル駆けめぐるかもしれません。でも、それは考えすぎ。

褒められてうれしくない人なんて、この世に一人もいません。皆、褒められてうれしいし、褒められたいと思っています。

ニューヨークの女性たちの会話には、必ず〝褒める〟があります。初対面の人が集まる場などでは、まず相手の何かを褒めることが、スムースな会話の糸口にもなるのです。

「キレイなブローチですね」
「美しいネイルですね」
「そのドレスのお色、素敵ですね」

まず相手のいいところを見つけて、褒める。これがニューヨークの美しい女の社交術です。この褒めるを日常に取り入れて生活するように心がけると、いつも誰かのいい部分に着目するクセがつきます。

ときに人は悪い部分、たとえば、「あの洋服は似合っていない」「あの挨拶のしかたはおかしい」などと人のあら探しをして、ネガティブな気持ちを引き寄せてしまいます。でも、褒める人になることで、まず素晴らしい部分に目が行くように意識が変化していきます。そして、相手のいい部分を見つけようとする意識は、自分をポジティブな気持ちで包み込んでくれます。

ニューヨークに住み始めたころ、この〝褒める〟が上手にできず苦労した時期がありました。何かを褒めようと思っても、褒めることが見つけられなかったのです。なぜなら、自分の価値観で褒めることを見つけようとしていたからです。自分にとって〝褒める〟に値することを見つけて褒めようとしていたので、無理が生じていました。

でもあるとき、**知識がなくても、絵画を見て自然と「キレイ！」と言ってしまうように、素直な気持ちで褒めればいい**のだと気づきました。それからは、いつも〝褒める〟を会話の中に取り入れるように心がけています。

褒められた人は幸せな気持ちに包まれます。些細なことでも、誰かを幸せな気持ちにしてあげられるって、一番幸せなことですよね。

素直な気持ちで、感じたままを褒める。

会うたびに違う印象を与える

「魅力的な人」と聞いて、どんな人を想像しますか？
私の場合は、ひと言で表すと「いろいろな印象を持っている人」。

ハーバード・ビジネス・スクールを卒業したジェシカは起業家で、マーケティング会社のCEO。金髪に青い目がチャーミングな北欧系のアメリカ人で、流行ファッションに敏感な一児のママです。

だんな様とは、学生時代の海外旅行で知り合い、恋に落ち結婚しました。とても仲が良く、今の地位を築くまで夫婦で支え合ってきた美しいカップルです。ちなみに、だんな様はヒンドゥー教徒のアジア人で、流行を全く意識しないナチュラルな人。

そんな自然体のだんな様をパートナーに持つジェシカは、つかみどころのないたくさんの印象を持った女性です。

あるときは、黒のスーツとヒールでビシッと決め、相手の思考をすべて見透かすような鋭い眼差しの、仕事一筋の印象。

あるときは、まるでファッションモデルのように、美しい真っ赤なカクテルドレスに身を包み、フォーマルパーティーで上品にコース料理をいただきながら、誰とでも楽しく会話を交わす社交界の華の印象。

あるときは、ノーメイクでポニーテール、無名ブランドのTシャツとスゥエットパンツ姿で、セントラルパークをベビーカーを押しながら、ママ友達と汗だくで走る健康的な印象。

あるときは、自然派志向のだんな様に合わせたサリーで街をプラプラ。屋台で買ったB級グルメを通りの石垣に座って食べる、カジュアルな印象。

あるときは、出張に備え立ち寄ったM・A・Cで、最新のアイシャドーを塗ってもらい、美しく変わる自分の顔に釘付けになりながらファッショントークに花を咲かせる、女性らしい印象。

こんなふうに、全く違う世界や人間関係をたくさん持っていて、とても魅力的なのです。

「自分の好き」や「自分のファッション」を固定し、いつでもどこでも、誰と会うときでも同じという人も多いのですが、それだと相手が受ける印象はひとつ、もしくは、狭く限られてしまいますよね。

もし、その印象を受け付けない人がいたとしたら、自分の世界を自ら狭めてしまうことにもなってしまいます。

たとえ、「かわいい」が流行していても、今日は「キレイ」でいく、今日は「知的」でいく、今日は「シンプル」でいくといったように、自分の印象を常に同じにせず、さまざまなバリエーションを持つことは大切です。

いろいろな印象の自分を持つと、思いがけず新しい人間関係が広がったり、お付き合いのあった人とも今まで気づかなかった共通点が見つかり、もっと仲良くなれたりするものです。

ときにかわいく、ときにセクシーに、ときに賢く、ときに飾らずバカにもなれる。

そんなたくさんの違った側面を持つ人って、魅力的ですよね！

内面の印象はごまかせない

もうひとつ、忘れてはいけないのは、**「印象は、外見と内面の2つの要素から成り立つ」**ということ。外見の印象は変えられても、内面はあなたという人そのものが表れるところですから、印象はそのときどきで変わるものではありません。ごまかしが利かない部分とも言えます。

たとえば、一流企業に勤めているからといってそれを鼻にかけるような人には魅力を感じませんが、どんな地位であろうと、誰にでも分け隔《へだ》てなく笑顔で接し、困っている人がいたらその人の気持ちに寄り添えるような人には魅力を感じますよね。

また、「目は心の鏡」と言われるように、心の美しさや内面の魅力は、優しい笑みのあるキラキラ輝いた瞳に映し出されます。

そして、その瞳で相手の目をしっかり見て話して、聞く。これは、凛とした美しい人の印象につながります。相手の目を見るのが恥ずかしいからと、視線が定まらなかったり、キョロキョロしたりすると、不安定な印象を相手に与えてしまいます。

目が疲れてきたときは、視線をそらすのではなく、瞬《まばた》きの速度を調整しましょう。

たとえば、うなずきの速度に合わせて、瞬きもゆっくりにします。「そうですね。そうですね」と、大きく2回うなずくときは、それに合わせてゆっくりと2回瞬きをします。これは、「あなたの話を心から聞いていますよ」という非常にポジティブな内面を印象づけることになるのです。

魅力的な内面の印象を残しながら、ひとつに固定されないさまざまな外見の印象を増やしていく――すると、人間関係に奥行きや広がりが見え始めます。

七変化する外見と輝く瞳が、美しい内面を印象づける。

相手を尊重した距離感を保つ

人付き合いって難しいものですよね。

何もかも洗いざらい話す、心を割って話すのが真の友情とか、仲良しの証と思われがちですが、本当にそうなのでしょうか？

たとえば、最近知り合った人とランチに出かけたとしましょう。お互いがどんな人なのかを知り合ういい機会ですが、会話となれば、身の上調査のような内容になってしまうことはありませんか？

「おいくつですか？」

「ご主人のお仕事は？」

「お子さんはどちらの学校？」

なんて、お互いをよく知るための会話というよりも、Q&Aとなり、なんだか調査されているような気分になってしまいますね。

できることなら「ノーコメント」と言いたいけれど、それを言えば角が立ってしまいかねないので、なんとも言いようのない、居心地の悪い気持ちに包まれながらも、苦笑いの会話を続けてしまうケースもあるでしょう。

ニューヨークに来て分かったのですが、新しい出会いの場でこうした身の上調査のような質問をするのは、日本人ならではのもので、欧米にはありません。

欧米にはプライベートな部分を尊重する文化が定着しています。どんなに親しい間柄でも、踏み越えてはいけない一線があり、そこから先はズカズカと立ち入りません。

初対面や友人関係になって間もないのであれば、共有できる話題から意見を交わし、仲良くなっていきます。すべてを打ち明け、何から何まで知り合うことが、真の友情や仲良しの証ではないのです。

人の詮索はしない

ここで、あなたは素敵な家にいるとイメージしてください。その家にはカーテンが全開の部屋、カーテンが少し開いている部屋、カーテンが完全に閉まっている部屋、この3つがあるとします。

カーテン全開の部屋は、道行く人にも見てほしい素敵なインテリアのリビングです。「どうぞのぞいてください」というお部屋ですね。

カーテンが少し閉まっている部屋は、室内が見えるようで見えません。「見えない部分まで見ようとしないでくださいね」という位置づけ。

そして、完全にカーテンが閉まっている部屋。これは「プライベートな部屋なので、ご理解ください」という位置づけです。

このカーテンの閉まり具合は、人付き合いにも当てはめることができます。相手がカーテンを完全に閉めているのに「見せて！」と開けて入っていくのは、相手を尊重する姿勢から外れてしまいますよね。相手は困惑し、当然居心地悪く感じるでしょう。仲良くなるにつれて、そのカーテンがだんだんと開いてくるかもしれません。そのときまで、相手が「ここまではいいよ」という領域、カーテンの開き具合を意識しながら、相手を尊重した距離感を保ちましょう。

人のことはなんでも知りたい——それは美しい人の心の在《あ》り方ではなく、単なる詮《せん》索《さく》好きな人の心の在り方です。

友人関係に履歴書は必要ありません。共感できる部分があり、一緒に過ごすひととき が楽しければ、もうそれで友人です。相手のことをもっと知りたいと思ったら、何かの話題につなげながら、少しずつ時間をかけて情報を増やしていくのがいいですね。

相手のプライベートな部分を尊重するのは、美しい人の心得。

あなたがそうであれば、相手も同じようにあなたのプライベートな部分を尊重してくれます。それがお互い居心地のいい人間関係につながる、長続きの秘訣。大人の女の社交術です。

友達でも、プライベートな部分にズカズカ入り込むのはやめること。

何に対しても意見を言える人になる

「黄色のパンツよりも緑のパンツのほうがお洒落だ」

友人サラの4歳になる息子のジョンが言いました。その日、私とサラは久々の再会。日曜日はだんな様がジョンを見てくれるからとブランチの約束をしたものの、だんな様に急用が入ったため、ジョンも一緒にやって来たのです。

カラーパンツがにぎやかな街を眺めながら、ファッショントークに花を咲かせていたら、お子様チェアーに座りながら、ホットケーキをつついていたジョンが突然意見を述べたのです。

緑のパンツをお洒落だと思う理由は、「黄色のパンツはバナナみたいだから」だそう。あまりのかわいさにキュンとなりながら、しっかり意見を述べるジョンに圧倒されました。

人がどう思おうと気にしない

得意の分野には意見が述べられるけれど、苦手な分野に関しては意見が出てこない。これは、誰にでもあることですよね。理由は、頭が少々固くなっているからかもしれません。

たとえば子供は自分の意見がどうとらえられるかなんて気にしませんから、何に対しても意見がスラスラ出てきます。他人の評価を気にせず意見することができる純粋さは、大人になればなるほど薄れてしまうのかもしれません。

ここで大切なのは、人が自分の意見をどう思おうと気にしないことです。「肝を据《す》える」というとちょっと大げさですが、それくらいの度量を持つことで世界が広がっていきます。

「黄色と緑のパンツ、どちらがお洒落か」とカラーファッション好きの人から問われたら、どちらかを答えねばと焦ったり、彼女はどちらが好きなのだろうと先読みしたりする必要はありません。

そんなときは、ジョンのように「バナナみたいな黄色のパンツより、緑のパンツがお洒落」と言うのもおもしろいし、もう一歩踏み込んで、「そうね、カラーパンツよりもシンプルな黒がやっぱりお洒落だと私は思うわ」と、答えてもいいのです。

自分の返事が相手との間に摩擦を起こすのではないかと心配するのは、先読みしすぎです。何に対しても自分なりの意見を持っている人は、凛として見えます。他人からすれば、新しいあなたの一面を垣間見たような、清々しい気持ちにもなるはずです。

新聞の見出しにコメントをつける

日頃、ファッションの話しかしない人が、為替相場や世界遺産について意見を述べたら、ドキッとしませんか？

何にでも意見が述べられることは、魅力の奥深さにつながります。日頃、さまざまなことに興味を抱き、知識を深めているということですよね。そうする中で世界は着実に広がり、新しい人たちとの出会いも増えてきます。

何にでも意見を述べられる人になると、自分の世界がどんどん広がるのです。

その練習としてできるのは、たとえば新聞の見出しを見たら、自分の意見を短くまとめてみること。続けていくうちに、「ツーと言えばカー」というような感覚で、パッパッパッと意見が述べられるように変わっていきます。

相手の顔色を気にせず、自分の意見を堂々と述べる姿は美しいものです。場の雰囲気を察しながら、決して傲慢《ごうまん》になったりせず、優しい穏やかな雰囲気で述べるあなたの意見は、相手の心に確実に残ります。

ときにまじめに、ときにジョークを交えて、自分の世界を広げていきましょう。

普段から、自分の意見を短くまとめる訓練を。

相槌で相手に共感と安心感を与える

会話はキャッチボールだと言われますが、お互いが正確に投げ、落とさず受けるには、意志の疎通が必要ですよね。

会話のキャッチボールに大切なのが「相槌《あいづち》」です。相槌がないと、意志の疎通ができているのか確認しづらいものです。

そもそも相槌とは「相鎚」とも書き、昔、鍛冶《かじ》屋が鉄を鍛えるとき、師弟が向かい合い、交互に鎚《つち》を打つ様子からできた言葉だそうです。

美しい人は相槌上手。

会話の中で、心のこもった相槌を要所要所で打ちます。それは、共感であり、あなたの話を聞いていますよ、受け入れていますよ、というメッセージです。

ニューヨークでの会話を例にとると、相槌にはたくさんのバリエーションがあります。その一例をあげてみますね。

「そうですね」（That's right.）
「本当にそうですよね」（That's true.）
「同感です」（I agree.）
「なるほど」（I see.）
「わかります」（I understand.）
「もちろんです」（Yes, of course.）
「そのとおりです」（Exactly.）
「まったくそのとおりです」（Absolutely.）
「すごいですね」（That's great.）
「それは素晴らしい」（That's wonderful.）
「よかったですね」（Good for you.）
「そしてどうなったのですか？」（Then what happened?）
「それは大変」（That's terrible.）
「それは残念でしたね」（That's too bad.）

似たような意味ですが、単語を使い分けることで、こちらの共感度を示すことができます。

簡単なようですが、渡米して間もないころは「はい」(YES)しか出てこなくて、苦労しました。どうしても「はい、はい、はい」の羅列《られつ》になってしまいます。相手の話を一生懸命聞いているのですが、この未熟な相槌しか出てこないせいで、私が話に退屈していると誤解を招いていることに、ある日気づいたのです。

これではダメだと、周囲の人々の会話を観察し、真似ることからスタートしました。彼らの使う相槌のバリエーションを盗み、自分の会話に応用する練習をしたのです。一にも二にも実践あるのみ。そのうち上手に相槌が打てるようになってきました。するとと、友人達もさらにいろいろな話をしてくれるようになり、どんどん会話の質が深まっていったのです。

相槌は話を引き立てる名脇役

最もやってはいけないのは、何も言わないこと。相槌がなく、話が終わるまで無言でただ黙ってじっと聞いている人っていますよね。これでは、自分の話に全く興味がない、もしくは、早く終わらせてくれないかと思われているのではと、話し手の勘違いを招きかねません。

相手の会話に、ときに共感し、ときに質問し、ときに驚き、ときに褒め、ときに残念がり……。会話の主役は話す人で、相槌は脇役、おまけのようですが、実は相槌があるからこそ、話がおもしろくもなり、奥深くもなるのです。

相槌は、縁の下の力持ちのような存在。表には出ないけれど、それがあってこそ表が引き立つわけです。

相槌上手は、聞き上手で話し上手。会話をうまく流れにそわす、影の仕掛け人とも言えるでしょう。

黙っているのは「つまらない」と言っているのと同じこと。

意地悪は称賛ととらえる

クリスマスイブの夜、友人のアレックス宅から追い出されたことがあります。宝石箱のように美しい5番街を一人、涙を流しながら歩いて帰ったことを、毎年クリスマスのころになると思い出します。

アレックスは、いつか自分のローファーム（法律事務所）を持つのが夢の弁護士で、英語、スペイン語、フランス語を流暢《りゅうちょう》に話す頭脳明晰なアメリカ人女性。大変思慮深く、弁護士を雇えない移民の法律相談をボランティアで行ったり、クリスマスの時期には移民の人たちにホリデークッキーを振る舞ったりと、とても愛情深く美しい人です。

その晩、毎年恒例の彼女宅でのクリスマスディナーに参加し、皆が帰った後の片付けをして、彼女と従妹のレイチェルと私とで、今年最後の乾杯をしました。

誰ともなく来年の抱負を語り出し、私は「新製品を発表して世界中で注目される」と言いました。特に大きな意味もなく、「来年もがんばります！」という大志だったのですが、この大きな響きが災いし、家を追い出されるという悪夢のクリスマスディナーとなってしまったのです。

なぜ、彼女は怒り、私を家から追い出したのでしょうか？


それは、嫉妬が深く関係しています。

私たちは、自分でも気づかぬうちに、自分の競争相手やライバルを選定してしまうことがありますが、これは誰もが持つ本能の部分です。「あの人には負けたくない」とか、「あの人よりも優位でいたい」とか……。特に、仲のいい人ほど、相手の動向が気になるのかもしれません。

彼女と私の専門分野は全く違いますが、彼女の中で私はライバル的な存在でした。そして、知らず知らずのうちに、どちらが早く〝成功〟を手にできるかという、競争相手にされていたのです。

自分が何歩も先を歩きリードする立場でいたい彼女にとって、私が語った抱負はその構図を揺るがすものとなり、嫉妬心から、私に意地悪をしてしまったのです。

歩きながらそれに気づいたとき、心がスッと軽くなりました。なぜなら、嫉妬による意地悪は、彼女の中で私が高く評価されているという、一種の「称賛」に価することだと気づいたからです。


「褒められて伸び、意地悪されて伸びる」。ニューヨークの女性たちは、これくらいの潔《いさぎよ》さで意地悪を受け止め、自己成長につなげています。私もこの意地悪をバネに、「何がなんでも絶対がんばって、成果につなげよう」という闘志が湧いてきたのです。

嫉妬される人は可能性を秘めている

がんばっているとき、伸びているときというのは、意地悪や嫉妬が周りに集まる時期でもあります。冷たい仕打ちや嫌がらせ、誹謗中傷《ひぼうちゅうしょう》……。

それらの目的は、あなたの士気を低下させることです。よけいなことであなたを悩ませ、本来の業務に集中させたくないのです。でも、裏を返せば、「あなたには可能性があるから、がんばってもらっては困る」ということなのですね。

意地悪や嫉妬は、あなたの実力のバロメーターのようなものです。

落ち込むことも、悲しむこともありません。それらのことで、頭をいっぱいにする必要もありません。今までどおり取り組んでいくことが重要です。

そして大切なのが、された意地悪をサラッと流す「大人の対応」をすること。大人の対応とは、根に持ったり、急によそよそしく態度を変えたりせず、まるで何事もなかったかのように、泰然《たいぜん》と振る舞うことです。

悪夢のクリスマスディナーの翌朝、いつもと同じようにアレックスに電話をしました。

「アレックス、昨日は素敵なパーティーに招いてくれてありがとう。ディナーもとても美味しくて感動しちゃったわ。どうすればあんなに美味しいお肉が焼けるのか、今度教えてね。レイチェルにも、また会えるのを楽しみにしていると伝えてね」

わだかまりを感じさせない私の声が彼女を安心させたのか、

「今ね、オフィスの角の屋台で買ってきたコーヒーを飲みながら、クリームチーズとサーモンのベーグルサンドを味わっているところ。昨日あんなに食べたのに、朝にはしっかりお腹が減るのよね。今晩はジムに行かなくちゃと考えていたところよ」

と、ご機嫌な声が返ってきました。


意地悪には意地悪で返す、といった考えは、美しい生き方に反する行為です。あなたは、相手の1枚も2枚も上をいく「大人」である必要があります。さまざまな感情を表に出すことなく、いつもどおりに接する。これが「大人の対応」です。

大人の対応があなたの器をさらに大きくする。

大人の友人関係は多角形

心地よい友人関係には形があります。

たとえば私の場合は六角形です。それぞれの角に共通点となる項目があり、すべての友人はそのどこかの角に属します。

イギリス出身のアーサーは80歳、英国貴族出身のダンスがとても上手な紳士です。出会いは、友人宅で行われたクリスマスパーティー。ダンスを教えてもらったり、クリスマスキャロルを一緒に歌ったり、イギリスのクリスマスのことを教えてもらったり。年に一度のクリスマスシーズンにだけ顔を合わせる友人です。

ニューヨークには、誰とでもお友達になれるオープンな文化があります。共通点さえあれば、年齢性別問わず友人になれるのです。

では、このアーサーを誘って美術館に出かけるかといえば、それはしません。私とアーサーの共通点はクリスマス。六角形の一角〝ホリデー〟という位置に、アーサーは属しているからです。

私の場合、六角形のそれぞれの角は、ファッション、ホリデー、美術芸術鑑賞、ビジネス、趣味、ナイトライフです。

共通点が重なる場合を除き、それぞれの角に属する人が、他の角に移動することはありません。ファッションの友が、ナイトライフや美術芸術鑑賞の友にはならないということです。

大人になれば、一人の友人と何もかも一緒に楽しむには無理があります。

友人という大きな枠組みでひとまとめにしてしまうと、合わない部分も合わせよう、合わせようとして、無理が生じるものです。

美味しいランチを食べにいく友人、高級ブランド品めぐりを一緒に楽しめる友人、映画に行く友人、趣味のお稽古事を楽しむ友人、子育てを共有できる友人、将来の夢を語り合える友人。これらはあくまでひとつの例ですが、六角形のそれぞれの角に目的があり、そこに位置する友人がいる。このような形にすることで、すべてを合わせることなく、仲良く長続きする大人の友人関係が成り立ちます。

場面に合わせて楽しめる友人を決めておく

この六角形の友人関係をごちゃまぜにすると、小さなストレスにつながったりします。合う部分よりも合わない部分が浮き彫りになり、仲良くなれると思ったけれど、一緒に出かけるのが苦痛になってきた……。そんな気持ちになりかねません。

「この人は、これを一緒に楽しむ友人」。そんなふうに決めておくと、共通のことだけで楽しめる間柄ですから、自分も相手も心地よくいられるわけです。

また、他のお友達は誘われたのに、自分だけお声がかからなかった……という出来事は誰にでもあるかと思いますが、大人の友人関係には形があることを知っていれば、悲しくなったり、落ち込んだり、なぜ誘われなかったのか考えたりする必要はありません。

〝自分はその角に属していない〟それだけのことなのです。

すべてを合わせようとせず、共通点だけで楽しむ友人関係。ここでは例として六角形をあげましたが、人間関係や自分の世界の広がりとともに、角もどんどん増えていくでしょう。

一人の友人と何でも楽しめるのは子供時代だけ。大人の友人関係は、多角形で形成しましょう。

共通点だけで楽しむ友人関係は、とても心地よいもの。

第6章

ニューヨークの女性は「人と違うことを恐れない」

人と違うことを恐れない

人間の感覚とは、不思議なものです。私がお洒落だと思った服がある人にとっては野暮《やぼ》ったかったり、素晴らしいと感動した本がある人にとっては退屈だったり……。

感性や感覚は人それぞれ違います。共感できることもあれば、違うこともある。そこに、正しい、正しくないはありません。

それなのに、人との違いに気づいたとき、あちらが正しく自分が間違っているのではないかと自分を疑い卑下し、自動的に自信を失っていたりしませんか？

たとえば、こんな例があげられます。

私たちは毎朝、身支度を整えるときに、自分に似合う装い、自分が素敵に見える装いを考えますよね。ニューヨークの女性たちも同じです。

しかし、あるとき、決定的な違いがあることに気づきました。

日本にいたときの私は、本当は自分が一番輝くことを意識してお洒落をしたいのに、心の片隅に、自分のお洒落は周りと比べて浮かないか、足並みはそろっているか、よい評価をもらえるか、という不安がいつもよぎっていました。自分のためのお洒落でありながらも、周囲がどう思うかをまず考えてしまうのです。これは、人と違うことを望みながらも、実は人と違うことを恐れていたからです。

一方、ニューヨークに来て感じたのは、ニューヨークの女性たちは、自分が似合う装いを自信を持って着用しているということ。そこには一抹の不安もありません。あるのは「自信」だけです。

周囲との違いこそが、自分の個性であり魅力であると知っているからなのです。「右も左もみな同じ」がニューヨークに存在しない理由は、ここにあります。

「自信」を持つのに他人の評価は必要ない

さて、話を日本人女性に戻します。その日、誰かに「今日の装い素敵ね！」と褒められると自信がつき、誰からもコメントされないと、今日の装いはいまひとつだったのかと自分のセンスを疑い落ち込んでしまう。周りからの評価がないと、自分に自信が持てない、ということはありませんか？

私は、いつもそうでした。しかし、今は違います。「自信」を持つのに、他人の評価が必要でないことが分かったからです。

自信とは、自分を信じることです。自分を過大評価したり、傲慢になったりすることとは違います。**周りの意見や評価に動じず、自分をしっかり持っている、しなるけれど折れない太い芯が凛と立っているということです。**

自信のある人は、人との違いを恐れません。いえ、人と違って当然であることを知っています。

アメリカの有名な化粧品メーカーのひとつ、メイベリン ニューヨーク。こちらのブランド哲学は「女性の数だけ、スタイルがある」。「個性」という美しさを尊重するブランド哲学だからこそ、人種を超えて世界中の女性に愛されています。

人との違いは「個性」であり、それがあなたを美しく輝かせる魅力です。人と違うことは、恐れることではなく、喜ぶべきことです。周りからの評価を常に気にして足並みをそろえる生き方よりも、人と違うことに自信を持つことが、美しい生き方につながります。十人十色と言われるように、十人いれば、十通りの考え方が存在します。それらの意見に間違いはなく、すべて正しいのです。

人は人、自分は自分。人と違うことを恐れない。
他人からの評価を恐れない。
自分の感性を大切に、自信を持って生きる。

それができたとき、あなたは自分を尊重し、自分と同じくらい相手を尊重できる人に、大きく成長しています。自分の言動や行動にも自信を持ち、自分を大切にした考え方に、意識が変わっていきます。小さなことに囚《とら》われた生き方ではなく、大きな夢に向かって生きるように変わっていけるのです。

魅力は「個性」にある。これが国際的な美の基準。

他人と比較しない幸せを満喫する

いつまでも、若々しくお洒落でいたい。もっとキレイで品性を感じさせる人になりたい。こんな思いを抱いて、鏡に映る自分を客観的に眺めることは、女なら誰にでもありますよね。

〝欲張り〟とは全く違う上昇志向は、あなたの内面をキラッと輝かせてくれます。なぜなら、これは今のあなたを基準にした願望だからです。

一方「○○さんよりもお洒落で、若々しく、素敵でいたい。幸せでいたい」というように、常に誰かと自分を比較し、願望を抱いてしまう人もいるでしょう。

日本には「勝ち組、負け組」という言葉がありますが、美しい人の人生に組分けはありません。「人生」や「幸せ」は、誰かとの競争や勝負ではありませんよね。

この基本を今すぐしっかりあなたの中にたたき込んでください。**勝ち組にも負け組にも属さない――それが、あなたなのです。**

自分の「芯」を持てば心は揺れ動かない

世の中には、他人と比較させる方向へ誘うような情報があふれています。たまたま開いた雑誌に、20歳そこそこに見える容姿の人が超高級ブランドに身を包み「驚きの50歳！」というタイトルとともにセレブな暮らしぶりを披露し、誌面からあなたに微笑みかけているとしましょう。あなたは、それを真に受け、自分の姿を鏡に映し、ドーンと落ち込み気分は負け組……。こんな経験はありませんか？

これは、無意味な競争に引っ張りこまれた瞬間です。人との比較で自分の立ち位置をはかっています。

もし、はからないと不安で落ち着かないとしたら、あなたはこの先もずっと、自分と誰かを比較し続け、永遠に不安から逃れることができなくなってしまいます。そんな生き方は幸せで楽しいでしょうか？

自分の芯となる部分をしっかり持っていないと、あらゆることに一喜一憂し、この人には負けたけれど、あの人には勝っているというような、無意味な競争意識が常に心の片隅にあり続けます。

「Aさんよりも自分のほうが勝っている」と安心しているところに、あなたを脅かす容姿で幸せな生活を送るBさんが登場したら、あなたの心は大きく揺らいでしまうでしょう。あっという間に、うれしくない、楽しくない、幸せじゃない気持ちに包まれてしまいます。

では、たまたま開いた雑誌に今度は、「石油王の妻、驚きの50歳！」というタイトルで、プライベートジェットの中で優雅に微笑む女性の記事を見つけたときの自分を想像してください。あなたは、ガクッと落ち込み負け組気分になりますか？

なりませんよね。「この人は比較対象にならない」と頭の片隅で分かっているからです。まるで夢の世界を垣間見るように彼女の記事を読み、ふわ～っといい気持ちになるかもしれません。そして、数分後にはそう思ったことさえさっぱり忘れてしまいます。

この心境こそが、他人と自分の幸せを比較しない心境、365日、常にあなたが持つべき「芯」です。

美しい人が放つ光によって自分が日陰になったとしても動じない「芯」があると、たとえ嵐のような衝撃を受けても、ポキッと折れません。

「しなるけれど折れない太い芯」を持ちましょう。これを自分の中心にしっかり据えていると、他人と比較するクセが消え、客観的に他人や物事をとらえられるように変わっていきます。

ニューヨークの美しい女性たちの基準は常に「自分」です。勝負の土俵に他人はいません。

もしあなたが他人との比較競争に巻き込まれているとしたら、それは他人の意見や視線に重きを置いているからです。

周りがどう思おうと、気にしない。

周りの評価なんて気にしない。

大切なのは、常に「自分がどう感じるか」です。

勝つも負けるも相手は自分自身です。他人ではありません。あなたの幸せは、他人との比較や、他人の視線や評価によって築かれるものではなく、あなたの心で感じるものなのです。

「石油王の妻、驚きの50歳！」の記事を読んだときの、「わぁ〜」という素直な驚きや憧れ、脅かされたり不安になったりしない気持ち。そんな心意気を常に誰に対しても抱ける人になりましょう。

忘れないでください。あなたの周りにいる人も、石油王の妻も同じ「他人」です。

忘れないで。基準は常に「自分がどう感じるか」。

花が咲くまであきらめない

クリスマスのギフトが並ぶ「ホリデーショップ」がオープンする11月のニューヨークは、美しいイルミネーションに包まれたたくさんのショップが、街を宝石箱のように輝かせてくれます。

そんな季節のある週末、買ってきたお花を眺めながらふと考えたのは、「花を咲かせるには何が必要か」でした。花を咲かせるには、しっかり種を蒔《ま》き、芽が出るように水をあげて、太陽に当てて育てることが必要です。蒔いた種を放置すれば、芽が出る前に枯れてしまいますよね。

これを人生でたとえると、**夢という種を蒔いたら、必ず花が咲くと信じて、粘り強く努力を続ける。これが非常に大切なのです。**

だって、「何もせずに、美しい大輪を咲かせました！」という方が、この世に存在するでしょうか？　美しい花を咲かせていらっしゃる方は、人一倍の努力をなさっているものです。

では、努力を続けたにもかかわらず、もし花が咲かなかったら、努力や時間は無駄だったのでしょうか？

そんなことはありません。費やした時間や努力は、次の花を咲かせるための学びであり、糧であり、財産です。そのことに気づいている人は、キレイな花を咲かせるだけではなく、人間的にも成長していきます。

がんばっていること、努力し続けていることは、たとえ芽が出るのに時間がかかったり、芽が土の中から顔を出す前に枯れてしまっても、決して人生の無駄にはならないのです。

指をさされて笑われても、自分の夢に集中する

もし花が咲く前に枯れてしまったら、次の2点を大切にしてみましょう。

・それでもあきらめずに種を蒔き、努力し続けること
・芽が出て、美しい花が咲くのを楽しみにすること

また枯れるかもとネガティブに考えず、絶対に花を咲かせるんだとポジティブに考えることで、それは現実になります。

夢はあきらめたときに終わります。ということは、**あきらめない限り夢は永遠に続く**ということです。あなたの夢に指をさして笑う人がいたとしても、動じることなく夢の実現に集中しましょう。

世界の歴史を変えてきた偉人たちに、努力も苦労もせずに事を成し遂げた人は一人もいません。その人たちに共通していることはただひとつ、「花が咲くまであきらめなかった」ということです。

絶対に咲かせようという意志が、花を咲かせる。

下手でも「好き」と言えるものを持つ

ニューヨークに住み始める前、母とスペインのコスタ・デル・ソルに旅行したときのこと。楽しい音楽の流れるレストランでディナーを楽しみながら、あちらこちらでラテンの音楽に合わせてペアダンスを踊る人々を眺めていました。ダンスが大好きな私はあんなふうに踊れたら楽しいだろうな、と見とれていたのです。

そのとき、どこからともなく現れた一人の男性が私に手を差し出し、「踊りませんか(Shall we dance?)」と言いました。まるで舞踊会の席で耳にするような美しい響きに驚き、慌てふためいた私は、とっさに「踊れません(I don't think I can dance.)」と冷たく断ってしまったのです。

男性は驚き、「踊れない？　どうして踊れないのですか？」と詰め寄りました。的確な答えを見つけようと必死になっている私の横で、事の成り行きを静かに見守っていた母が「足首を痛めているのよ」と助け舟を出してくれ、その晩私は、足を痛そうに引きずりながらレストランを後にしました。

　母と娘の旅の思い出、笑い話です。


　どうして私はダンスの誘いを断ったのでしょうか？

　それは、ダンスは好きでも、「下手」だから隠したかったのです。ペアダンスの経験もなく、どう踊っていいかも分からない状況で、あの可憐《かれん》に舞う人々と同じように注目を浴びるのが恥ずかしかったのです。

　当時の私は、好きなことがあっても、上手にできなければ「これが好き」と公言したり、「下手」を堂々と披露できない人だったのです。

楽しむことに技量は必要ない

　友人のリアは、お菓子作りが大好きです。パーティなどの集いごとがあると、いつもクッキーを焼いて持ってきてくれます。出会ったころは、「お菓子作りが上手＝いい母親」という、男性に対する結婚アピール作戦なのかと思っていたのですが、純粋にお菓子作りが大好きな人だったのです。

しかし、リアの作ったクッキーは、お砂糖を入れ忘れたのかと思うほどに味のない、石のような固さです。これだけの材料費と時間をかけるなら、買ってきたほうがよほど美味しいのに、どうして、こんなお粗末なレベルでみんなに堂々と振る舞うことができるのだろう。これではまるで「自分のお菓子は美味しくない＝お菓子作りが下手」と公言しているようなものじゃない？　そう思っていた私は、ある日彼女にその疑問をストレートに投げてみたのです。

リアは、私の不躾《ぶしつけ》な質問に気を悪くするどころか、異国の地からやってきた違う物差しを持っている私に、優しく丁寧に彼女の考え方を教えてくれました。


「大切なのは、好きかどうかなのよ。下手でいいのよ。下手なことは恥ずかしいことなんかじゃないわ。好きなことはやっているうちにどんどん上手になっていくから。

私のお菓子だって、これでもだいぶ上手になったのよ」

そう言って微笑みました。

好きなことが上手にできるとは限りません。誰にでも、下手だけど好きなことはたくさんあります。歌手のように上手に歌えなくても、歌うのが大好きな人、全く回答できないのに、新聞のクロスワードパズルが毎日楽しみだという人もいます。上手、下手ではなく、好きという感情が先にくると、何でも「楽しめる」ものなのですね。何かを楽しむのに技量は必要ないのです。

母との思い出のスペイン旅行から数年後、ニューヨークでラテンダンスを習いました。下手でも好きと言えるものがたくさんあることは、人生を豊かにしてくれます。上手、下手は関係ありません。下手であることを恥じるのではなく、それが好きという気持ち、楽しいという気持ちを大切にすることで、あなたはもっとチャーミングな人になれるのです。

35「好き」と言えるものが増えると、人生はどんどん楽しくなる。

決めるのは、常に自分

平日は大都会のマンハッタンで暮らし、週末は都会を離れてカントリーハウスで過ごすライフスタイルの友人リリー。この理想のライフスタイルを手にするために、弁護士として猛烈に働き、数年前に夢を実現しました。

別荘地として開発された地域には、ゴルフ場、テニスコート、プールがあり、バンビがやってくる大自然の中で、大好きなガーデニングや森林浴が楽しめます。

裏庭の大きなポーチでバーベキューを楽しみ、夜にはハンモックに揺られながら都会では見られない美しい星空が楽しめるリリーのカントリーハウスにいつも招かれるのですが、スケジュールが合わず、ずいぶん長い間延期になっていました。

そんな7月のある日、「エリカの誕生日は私のカントリーハウスでお祝いしよう」とうれしい企画を持ちかけてくれました。今回ばかりは断るわけにもいかず、週末3

日間を空け、カントリーハウス初訪問が叶うことになりました。

ワインや水着を一番小さなスーツケースに詰め、マンハッタンのリリーの家へ。彼女と駐車場まで歩きながら、ふと気になったリリーの特大サイズのスーツケース。3日間にしては大きすぎるサイズです。いったい何が入っているのだろう？　もし私のために新しい寝具を調達してくれたとしたら、そんな気遣いは無用だったのに……そんなことを考えているうちに駐車場に着き、楽しいドライブが始まりました。

2時間のドライブでカントリーハウスに到着し、荷物を下ろして、おうちツアーをし、冷えたシャンパンで「ハッピーバースデー！」と乾杯。ホッとひと息ついた瞬間、「そうそう、先に大切な用事を済ませなくっちゃ」と、あの大きなスーツケースを引っ張りランドリールームへ入っていったのです。

いったい何が始まるのかと後をついていくと、スーツケースに入っていたのは、1週間分の洗濯物でした。驚きのあまり「リリー、いつも洗濯物かついでくるの？」と聞くと、

「そうよ。大自然の中での洗濯って気持ちいいでしょ。あの大都会のアパートの薄暗

い地下にあるコインランドリーで洗濯するのって、気が滅入るのよね。このカントリーハウスは、気持ちよくお洗濯できるという夢を叶えてくれたのよ。最高に幸せ！」

色物の洋服を分けながら洗濯機を操作するリリーを眺め、ニューヨークの女性は、なんとユニークで自分なりの考えをしっかり持っているのかと感心しました。

他人がどう思うかを気にすることなく、堂々と自分の考えを語り、自分で決断を下す。その潔さが何ともカッコよく、背筋が伸びる思いがしました。

「自分で決められない人」をやめる

リリーの両親は、「まずは結婚して、生活を安定させることを考えたらどうなのか」と、カントリーハウス購入計画を今実現することに難色を示したそうです。結婚すればライフスタイルも変わるはず。独身の今は好きに週末をエンジョイできても、結婚して子供が生まれればそうはいかなくなるかもしれない。猛烈に働いて貯めたお金の遣い道は他にもあるのではないのか、というのがご両親の考えだったそうです。

一方、リリーの考えは、自分が幸せに感じる生き方を先延ばしにはしたくないというものでした。
「決めるのは常に自分なのよね」
リリーはそう言いました。

日常の些細な出来事、たとえばグループでランチを食べることになったときにどこのレストランにするか、何をオーダーするかという選択と決断の場で、「自分で決められない人」になってしまうことはありませんか？

それは、「自分で決める」ことが不安、その結果を周囲にどう評価されるかが不安、周りの判断にゆだねるほうが楽、周りと足並みをそろえているほうが安心、自分の決断よりも周囲の決断のほうが優れていると思ってしまう……そんな気持ちの表れだったりします。

日常の些細な出来事も「自分で決める」ことができないと、人生の大きな選択をするとき、決断できません。

誰の人生にもある分岐点、1本の道が2本に分かれ、どちらに進むか選択しなければならないとき、誰かに決めてもらえれば楽だと感じる人もいるでしょう。

しかし、自分の意思よりも周りの意思を尊重し、周りの人皆が右の道に進むから私も右へと足並みをそろえてしまう、というのでは、人任せな生き方になってしまいます。万が一、うまくいかなかった場合、やりどころのない気持ちに包まれてしまうでしょう。

自分で決めたことには責任がついてきます。しかし、「自分で決めた」ことだからこそ、力の限り全うすることができ、間違った決断であったと気づいた場合はそこから素直に学び、成長につなげることができるのです。

リリーは、全財産をつぎこみカントリーハウスを購入しました。そのお金の遣い道が正しいかどうかは、第三者には関係のないことです。彼女は人生の分岐点に立ち、どちらの道を進むことが幸せかと考え、「自分で決めた」のです。

大きな決断を一人で下し、それを幸せに感じている姿を凜々しく感じます。楽しそうに洗濯機を回すリリーは、自信に満ちあふれ輝いていました。

選択した責任があるから、人は成長できる。

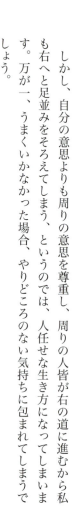

女を楽しみながら、男よりも強くたくましく生きる

ある日、駅のホームで電車が来るのを待っていたら、カツカツカツカツとハイヒールの音が近づき、ピタッと私の背後で止まりました。広いホームでなぜこの人は私の真後ろで止まったのかと不気味に思いながらも、こんなときのために習っている空手の技を頭の中で練習していると、またカツカツカツとハイヒールの音が響き、少し離れた私の横で止まりました。

明らかに感じる視線、それも鋭い視線です。視界に入るその姿は、真っ赤なカールのロングヘアー。頭を必死で回転させ、その髪型に見覚えがあるか記憶をたどりましたが、どうやら知らない人のようです。

おそるおそる、その人のほうを向いてみると……今からショーのステージに立つかのように派手に着飾って女装したドラッグクイーンでした。女性を研究しつくしているから、女性よりも女性らしかったりします。

いったい私の何が知りたいのかと思ったら、

「ゴージャスなカツラね。どこで買ったの？」

カツラ～？？？　どうやら私の髪がカツラに見えたようです。

ニューヨークでは、お洒落用品として、バラエティー豊かなたくさんのカツラが売られています。帽子と同じように、その日の装いや気分に合わせて髪型をカツラで変えるのは、珍しいことではありません。

その人は私と同じものを買いたいと思ったそうなのです。「これ、地毛なのよ。カツラじゃないの」と答えると「ゴージャス！」と言って、カツカツとヒールの音を立てながらホームをモデルウォーキングで歩いていきました。

女を武器にしない

美しくなることに躊躇《ちゅうちょ》しないニューヨークの女性（ドラッグクイーンも含む）は、心に感じることに敏感で非常に素直です。「いい」と思ったものは瞬時に褒め、どこで買ったのかを聞いてきます。素敵だと思ったものを自分も手にしたい。それは、世界共通の女心です。

セクシーなランジェリー、美しいドレス、ハイヒール、真っ赤な口紅。これらは女性に生まれたからこそ楽しめる、女性限定アイテムですよね。女を楽しむのは愛する人のためであり、何といっても自分のため。いつまでも自分のケアを怠らず、美しく輝く女でいたい。これは誰もが願うことです。

そして大切なのは、この「女」という性に甘んじず、強くたくましく生きる姿勢です。「女を武器にしない」とも言えます。

たとえばいい仕事を取りたいとき、いいポジションを得たいとき、仕事に有利な人脈を築きたいときに「女」を引っ張り出し、「女度」をアピールしてお色気作戦に入るのは、いただけません。

「女」であるのは、自分のためであり、愛するパートナーのためだけ。女を武器にして得たものは、女を武器に挑んできた人に取られます。

ニューヨークで男性にモテる女性は、精神的・経済的に自立した女性です。誰に頼らずとも一人で生きていける、一人を楽しんでいる女性です。

愛する自分にだけ見せてくれる「女」の部分と、一歩家を出れば強くたくましく凛々しい「女」。そんな全く違う側面が混ざり合っているところが魅力なのですよね。「女は女らしく」この言葉は20世紀のものです。21世紀は「女は女を楽しみ、男よりも男らしく強くたくましく」生きましょう。「女を楽しむ」中には当然、女性として大切にすべき品性、品格、マナーも含まれています。

日本は男女平等になったとはいえ、まだまだ男性優位の社会に感じます。しかし、日本の経済を元気に引っ張っているのは、男性であり女性、どちらが上、どちらが下とはかることなどできません。

このような中、浮かばれない女性の状況を苦しく感じたり、不快に感じている方もいるでしょう。そんなときは、反発するよりも、男よりも男らしい部分を見せましょう。男よりも強くたくましい部分、責任感があり、任された仕事を全うする部分を見せましょう。

「だから女はダメなんだ」という言葉がありますが、ひとつの出来事で女性をひとくくりで評価される時代に幕を下ろすためにも、男よりも男らしく、強くたくましく生きましょう。

女であることを楽しむ、男よりも男らしく強くたくましい女。素敵だとは思いませんか？

これが本当のハンサムウーマンです。

女であるのは、自分のため、愛するパートナーのためだけ。

人生を輝かせてくれるメンターを持つ

「メンター（Mentor）」という言葉をご存じですか？

良き助言者・指導者という意味で、たくさんの学びを与えてくれる人です。たとえばすぐ近くにいるメンターは、愛する両親。子供のころから人生を歩むための大切なことを教えてくれたり、人生において重要な決断をするための手助けをしてくれたりしますよね。

また、実際に会ったことはなくても、自分に多大な影響を与えてくれる人がメンターになることもあります。その生き方や成功への道のりからの学びが、自己成長につながるのです。

私にも大切なメンターがたくさんいますが、グウィネス・パルトロウさんもその一人です。彼女から、ビジネスや強く美しく生きるたくさんの学びをもらっています。

グウィネス・パルトロウさんは、２０１３年、米ピープル誌が選ぶ「世界で最も美しい女性」に選ばれました。二人のかわいいお子さんのママであり、世界中の女性たちを虜《とりこ》にしているライフスタイルウェブサイト「goop.com」の創設者（起業家）、そして、アカデミー賞主演女優賞を受賞したハリウッドの大女優です。

数えきれないほどの作品に出演されていますが、いつの時代にも輝いているのは、彼女という「人」の魅力が常に輝いているからなのでしょう。

世界中の女性たちが彼女から多大な影響を受ける理由は、彼女が母親・起業家・大女優という一人三役を見事にこなし、外見の美しさのみならず、内面の美しさや生き方を大切にしているからです。

その愛情豊かな優しさ、批判しない性格や、競争心を持たない心穏やかな人柄はハリウッドでも有名で、彼女を慕い助言を求める女優さんがたくさんいるそうです。誰からも愛される、思いやりに富んだ心の美しい人です。

自分と向き合い、内なる声に素直に耳を傾ける

私が彼女から学んだたくさんのことの中でも、特に心に響いたものがあります。それは、アメリカのファッション雑誌「ハーパーズ・バザー（Harper's BAZAAR）」に載っていた、彼女の素敵なインタビュー記事の中にありました。

彼女は40歳の自分へのお誕生日プレゼントに、アリゾナのセドナへ、自分とだけ向き合う時間を持つために3日間の一人旅をしました。

毎日、自分と向き合い、今の自分を見つめ、この先どうなりたいのかを問いかけました。そして最終日の3日目の朝、「これからの人生を決断していく手引きが欲しい」と自分に問いかけ、レッドロック（赤い岩山）へハイキングに出かけました。

岩山を登っているとき、不思議なことが起きました。

「質問の答えは、あなたがすでに持っている。あなたがあなたのメンターなのですよ」

そう岩が言ったように聞こえてきたそうです。自分には幻聴障害があったのかと思ったほど、衝撃的な出来事だったそうです。それほど鮮明に聞こえてきたのですね。

彼女は日常を離れ、自分とだけ向き合う3日間の一人旅で、これからの人生を歩むうえで大切なメッセージを受け取ったのです。

「メンターは自分自身。人生の舵取りをするのは自分である」

この経験が、彼女をさらに魅力的にパワフルに輝かせることにつながりました。

人生を歩むことが〝航海〟であれば、キャプテンはあなたです。どちらの方向に進むか、どう進むかを決めるのはあなたです。人生の舵をとるのは、あなたなのです。

誰かの助言を待ったり、他人が右や左と意見するたびに方向転換していては、そのうち荒波に襲われて、沈没してしまいます。

向かう方向をしっかり自分で見定め、他人の意見は聞くけれども、それを評価判断するのは、常に自分でなければなりません。

たとえば、日本で言われる「適齢期」にまだ結婚していないとしましょう。結婚できない女、かわいそうな女と思われているのではないかと、周りの視線や言葉が気になり、自信を失いネガティブな気持ちで日々過ごしてしまう。こんなことはありませんか？

誰が決めたか分からない「適齢期」に振り回されていては、あなたは本来の美しい輝きを見失い、幸せから遠のいてしまいます。安全に航海を続けようにも、無意味なことに気を取られていては、船は座礁《ざしょう》してしまいます。

「適齢期」は、自分で決めるものです。あなたが結婚しよう、結婚したい、そう思ったときが、「あなたの結婚適齢期」です。

キャプテンはあなた、人生のメンターはあなた自身です。内なる声に素直に耳を傾け、自分を信じ、幸せの航路を明るく元気に進みましょう。

グウィネスさんが私たちに教えてくれた大切なことは、自分とだけ向き合う時間を持ち、その中で、自分に問いかけ、答えを見つけることの大切さ。そして、人生の中で素晴らしいメンターにたくさんめぐり合ったとしても、究極のメンターは自分自身である、ということです。

「世界で最も美しい女性」からの学びで、私たちもさらに美しく輝き、自信を持って人生を歩みましょう。

幸せをゴールにした航路ではなく、航路全体が幸せであるために。

人生における究極のメンターは、自分自身。

自尊心を磨く

失敗が怖くて一歩が踏み出せない。考えれば考えるほどいろいろなことが複雑に絡《から》み合い、悩みは深まり、出るのはため息ばかり。

このような経験はありませんか？

刻々と時間が過ぎる中、延々と同じことを考え続けている。もうかれこれ5年悩んでいます、という方もいらっしゃるでしょう。


どうして、失敗を恐れるのでしょうか？

その理由のひとつは、周囲の評価を気にするからです。周囲から「失敗した人」というレッテルを貼られ、日本的な表現である「負け犬」と言われたくないからです。

失敗を致命的なこととととらえるのは間違っています。失敗は過程であり、この世の終わりではありません。ネガティブなことではないのです。

失敗は財産です。経験と学びという、非常にポジティブなことです。

人生の中で最も困難なことがふたつあります。それは、「選択し決断すること」と「一歩前に出ること」です。両方とも何の保証もないだけに、勇気のいることですよね。

そこで大切になるのが「自尊心」です。

これは「自分を信じる」と同じ意味ですが、**人がどう思おうと、何と言おうと、そんなことは気にせず自分を信じ、失敗から学び次につなげる勇気を持つことです。**

挑戦したこともない人からの視線や言葉には、何の重みもありません。人生を真剣に歩むということは、恋愛、受験、就職など、日常生活の些細なことから大きなことまで、数えきれないほどの失敗を経験することです。

人は、失敗を乗り越えるたびに成長し、次に襲ってくる荒波への備えができるようになるのです。たとえ失敗したとしても、その挑戦は素晴らしいもので、谷底に落ちたとしても後は上がるだけです！

もっと自分を理解して、自分を信じましょう。あなたは、あなたが思う以上に、周りが評価する以上に、実はもっとすごい人なんですよ。

自分の人生を自分らしく生きる。そのために、自分の選択や決断には責任を負い、誰かや何かのせいにはしない生き方を選択してください。

自分で自分の最大の理解者になる

ニューヨークの美しい人に共通していること。それは「自尊心が高い」ことです。
自尊心とはどういうことかをまとめると、

自分を大切にする
自分と同じくらい、相手を大切にする
自分がどこから来た誰なのかを知っている
自分の言動や行動に自信を持っている

自分は自分の最大の理解者である
自分とは異なる他人の意見に落ち込まない
周りの視線や中傷などに揺らがない
誰がどう思おうと、何を言おうと、気にしない
天狗《てんぐ》になることなく、非常に謙虚である

いつも周りが気になり、周りと足並みがそろっていないと不安だという方、自分とは違う他人の意見に凹んでしまう方は、ぜひ自尊心を磨いてみてください。自尊心は、本書に書いてあることを心がけたり、実践すれば自然に身についてきます。

もっと自分に自信を持って、自分の最大の理解者になりましょう。それができるようになると、肩の力が抜け、日々の暮らしが快適に楽しくなってきます。

自分の人生を自分らしく生きる。それが、あなたが生まれてきた意味。

おわりに

大都会ニューヨークは、世界中の人々に愛される宝石箱のような街です。日本と同じく美しい四季があり、人々は、鉄板が焼けるように暑い夏も、息が凍るほど寒くて長い冬も、元気に明るく楽しみ尽くすことを知っています。

「暑い、寒い」とネガティブな気持ちになるのではなく、「楽しんじゃおう！」というポジティブな気持ちから一歩踏み出します。素敵なことですよね。

何事も自分の心の持ち方次第です。自分を信じて自分らしさを大切に、強く美しく人生を歩んでいきましょうね。

最後に私の父が教えてくれた言葉、人間力のキーワード「あくまおい」を贈ります。

「あ」焦るな
「く」くさるな

「ま」負けるな
「お」怒るな
「い」いばるな

人間力と笑顔の大切さ、仕事や人生哲学をいつも説いてくれる父、私以上に私を信じ、太陽のような笑顔と優しさで常に応援してくれる母、そして強く美しく生きる女のお手本のような姉、私の大好きな家族に感謝を込めて。

また、本書を作るにあたって、ニューヨークと日本という距離や時間を感じさせず、完璧にまとめてくださった大和書房の鈴木萌さん、どんなときも熱意をもって指導してくださった(株)チア・アップの梅木里佳さん、ありがとうございました。お二人との出会いは人生の宝物です。心からお礼申し上げます。

そして、本書を最後までお読みくださった皆さま、いつも私や「Erica in Style」を応援してくださっている皆さまに、心からの感謝を込めて。

2014年初夏　ニューヨークにて　　エリカ

文庫版あとがき

文庫化にあたり、本書を改めて読み返しながら、原稿を必死で書いていた当時のことを懐かしく思い出しました。

この本を書くと決めたものの、本を書いた経験が無いどころか、これだけのまとまった文章を書いたこともなく、本はどうやって書くのだろうかと、基本的なところでまず凍りついたことです。

季節はちょうど2月、極寒のニューヨークでした。あらゆることに凍りつきながらも、心の中は伝えたいことを文字にしようという情熱でボンボン燃えていました。

1冊の本には、何枚くらいの原稿を書くのかも確認せずに書き始め、読者の方が喜んでくれる姿を目に浮かべながら書いていたら、100ページもオーバーしていたという面白い出来事もありました。今から思うと、それほどまでに伝えたい気持ちで一杯だったのですよね。

本書のタイトルにある「強く美しく生きる」は、世界中の女性の永遠のテーマでもあります。そして、これが幸せにつながります。

本書には、私がニューヨークで学び気づいた「強く美しく生きる方法」をまとめましたが、もちろんこれがすべてではありません。

「自分にとって、強く美しく生きるとは、どんなことだろう」

このように、自分の答えを見つけていくことも、あなたの人生をより豊かなものにしてくれるでしょう。人生を一歩一歩進みながら、自分の気づきと学びをまとめていくことは楽しいですよ。

勇気や励ましが欲しくなったときは、ぜひ本書のページを開いてみてくださいね。アッと言う間に元気復活、「強く美しく生きる私」に戻れることと思います。

２０１８年２月　ニューヨークにて　　エリカ

★文庫版・特別書き下ろし★

日本の女性の「強く美しく」生きる方法

私がこの本を書いてから、早いもので3年半の月日が経過しました。その間に日本経済や人々の暮らし、何よりも日本の女性たちの思考や生き方が大きく変わり、美しい輝きに満ちあふれています。私は海の反対側からその様子をいつも肌で感じ、本当に嬉しい気持ちに包まれています。

ちょうどこの本が出版された2014年に、日本で大流行した映画があります。ディズニーのアニメーション「アナと雪の女王」です。

これは大人向けの映画として制作されたわけではありませんが、日本の女性たちの間で爆発的人気となり、これには世界が驚きました。

私のニューヨークの友人たちにも、この映画が好きだと言う人たちがいますが、その理由は「姉妹愛」が主で、日本の女性たちの心に響いた「ありのままで」が浮き彫りになることはありませんでした。

ニューヨークの女性たちには、サラッとスルーされてしまった「ありのままで」が、日本の女性たちの心をつかんだわけですが、私にはその理由が心から理解できました。

・ありのままでいい。自分は自分でいいんだ
・自分らしさは個性であり、他の誰でもない自分を自分が大切にする
・無理して本当の自分を隠すことなんてない

映画のストーリーと共に心の中のモヤモヤが吹き飛び、日本の女性たちが一気に輝き出したように感じました。大げさではなく、ひとつの暗黒時代が終わり、新しい輝きの時代がやってきたかのように感じたのです。

その後、低迷する日本経済を女性たちが支え、子育て支援制度が十分整わない中でも、子育てと仕事を両立して頑張るママさんが増え、「強く美しく」生きる女性たちが輝き始めました。

私はこの移り変わりの中で、日本の女性のある美点に気づきました。

それは、日本の女性の「強さ」です。

たとえば、日本の女性には「しなやかな」強さがあります。この「しなやか」の意味は、上品で優雅でたおやかです。優しさや柔らかさも感じさせます。

一方、ニューヨークの女性は「しなるけれど折れない」強さです。ボキッと折れそうで折れない。「折れるもんか！　折れてたまるか！」とギリギリまで頑張って、頑張って反る、しなるような強さです。

1本の棒でイメージすると、しなりに「しなやかさ」があるか、無いかの違いです。強さ、美しさに「しなやかさ」がプラスされているのが、日本の女性の美点であり、世界最強の輝きだと気づきました。

「しなやかな強さと美しさ」を持つ女性が増えてきた

日本の男性は、可愛い子が好き、若い子が好きといった人が多く、「可愛い＋若い」は有利だと捉えてしまう女性が多くいるように感じます。これが、「可愛くないといけない」という考えをまねき、なんとか「可愛くなろう」と努力する日々につながってしまいます。

でも、心のどこかに「可愛い」には興味のない自分がいます。自分は可愛い子になりたいのではなく、凛とした美しさが輝く大人の女になりたい。でも、そうなれば、誰にも相手にされないだろうから、周囲に合わせて「可愛い」自分を演出していると いうことがあります。

しかし、この状況も変わってきました。それは、「しなやかな強さと美しさ」のある女性が増えてきたからです。

しなやかな強さと美しさのある女性は、「もっと自由に生きていい」と知っています。他人の視線なんて気にしない、男性の「若くて可愛い子が好き」という嗜好になど振り回されないことが、優雅な女ならではの自由で開放的な美しさにつながることを知っているのですね。

このような女性がたくさんいる日本は、本当の意味で「女性が輝く国」になったと感じます。そして、このような女性がもっと増えていくことで、誰もが生きやすい国に変わっていくことでしょう。素敵なことですよね。

この本では、ニューヨークの女性の「強く美しく」生きる方法を書いていますが、それは決して日本とニューヨークを比較して、どちらが勝る、劣るということではありません。

また、海の向こうのニューヨークの話なんて、自分の生活には関係ないと思われる部分もあるかもしれませんが、陸こそ繋がっていなくても今や世界はひとつです。同じ青空の下に生きる女性たちから、自分のプラスになることを学びとるのは、自分の魅力アップにつながるのですよね。

私はニューヨークの女性たちのことをこの本に書いたように、ニューヨークの女性たちにも、日本の女性たちの強さ、美しさを話しています。また、あえて言葉にせずとも、私という人から感じとってくれています。

日本は必ず訪問したい国であり、日本の女性は、自分たちにはない奥ゆかしさやしなやかな美しさを秘めていると称されています。嬉しいですよね！

こんなことも加わり、私が海外生活で一番嬉しいことは、自分が日本人であることです。どんなに平坦な顔でも、これで良かった！　と心から思います。

そして、いつも大切に思っているのは、日本の女性たちのことです。会ったことがなくても、話したことがなくても、どこのどなたかを知らなくても、私にとって大切な、大切な人なのです。

そんな自分にとって大切な人に伝えたいメッセージを、この本に綴りました。ページの中に心に響く言葉を見つけて下さいね！

エリカ（Erica Miyasaka）
世界一生きるのが厳しい街と言われるニューヨークで、夢の実現に向け、強く美しく、男よりも男前に生きる起業家。日系、外資系企業にてビジネスの土台を築き、ボストンに留学。2003年に単身ニューヨークへ。ファッションコンサルティング会社のパートナーとして、ファッションと経営の仕事に携わりながら、自分らしく、自分の人生を生きる大切さを学ぶ。2010年、ニューヨークで起業。
日米にて意匠権3つ取得の新機能レッグウェアを開発、グローバル展開を果たす。2017年、ブランドを売却し、エグジットを果たす。起業家として次なる事業の立ち上げに着手、再びゼロからスタート。
『ニューヨークの女性の「自分を信じて輝く」方法』、『ニューヨークの美しい人をつくる「時間の使い方」』（いずれも大和書房）、『ニューヨークが教えてくれた「誰からも大切にされる」31のヒント』（光文社）など著書多数。

本書は二〇一四年六月に刊行した『ニューヨークの女性の「強く美しく」生きる方法』を文庫化したものです。

だいわ文庫

ニューヨークの女性《じょせい》の
「強《つよ》く美《うつく》しく」生《い》きる方法《ほうほう》

著者　エリカ

二〇一八年二月一五日第一刷発行
二〇一八年三月一〇日第二刷発行

発行者　佐藤　靖
発行所　大和《だいわ》書房
東京都文京区関口一-三三-四　〒一一二-〇〇一四
電話　〇三-三二〇三-四五一一

フォーマットデザイン　鈴木成一デザイン室
編集協力　RIKA（チア・アップ）
本文デザイン　高瀬はるか
本文写真　エリカ
イラスト　石村紗貴子
本文印刷　シナノ　カバー印刷　山一印刷
製本　小泉製本

ISBN978-4-479-30690-0
乱丁本・落丁本はお取り替えいたします。
http://www.daiwashobo.co.jp